上海市浦东新区文物保护管理所　编

上 海 古 籍 出 版 社

图书在版编目(CIP)数据

走进内史第 / 上海市浦东新区文物保护管理所编.
—上海：上海古籍出版社，2018.4
ISBN 978-7-5325-8347-8

Ⅰ.①走… Ⅱ.①上… Ⅲ.①名人—生平事迹—中国
—民国 Ⅳ.①K820.6

中国版本图书馆 CIP 数据核字(2017)第 034331 号

走进内史第

上海市浦东新区文物保护管理所 编
上海古籍出版社出版发行
(上海瑞金二路 272 号 邮政编码 200020)
　　(1) 网址: www.guji.com.cn
　　(2) E-mail: gujil@guji.com.cn
　　(3) 易文网网址: www.ewen.co
上海惠敦印务科技有限公司印刷
开本 890×1240 1/32 印张 5.25 插页 2 字数 99,000
2018 年 4 月第 1 版 2018 年 4 月第 1 次印刷
ISBN 978-7-5325-8347-8
K·2286 定价: 45.00 元
如有质量问题,请与承印公司联系

前　　言

在东海之滨黄浦江东的川沙城内，有一座清代咸丰年间建造的江南民居——沈家大院，大院后改名为"内史第"。

"内史第"是浦东川沙城内一书香世家之宅第，其建筑为砖木结构的二层三进深二院二厢房。这座典型的江南民宅，给当地人留下了许多不解之谜。随着时间的推移，慢慢流传下来，越传越广，并增添了不少神秘色彩。

"内史第"沈家大院是何时、何人所建？曾经历多少次翻建？为何拆除后又重建？为何有众多中国近代史上的名人诞生于此？一位位名人又为何选择居住在"内史第"？上述种种，使"内史第"宅院的故事变得越来越扑朔迷离。

"内史第"的不解之谜牵动了浦东乃至全上海人民的心,引起了社会各界的广泛关注,尤其得到了上海史学界、文博界和政府部门的高度重视。浦东以及川沙的文博、文史研究人员,在上海市文物管理委员会与上海市宋庆龄研究会等相关部门的关心下,在浦东新区与原川沙县各级政府部门的重视下,花了整整 20 年的时间,始终不渝地追寻着解开这一个个谜底的钥匙。

　　功夫不负有心人,在费尽周折、历经磨难之后,我们终于找到了这把钥匙,"内史第"沈家大院内的谜底即将揭开……

　　因而,笔者今天才有幸带领大家走进"内史第",让各位读者了解"内史第"背后的翔实史料。

目 录

壹

"内史第"宅院的
兴衰之谜

大家都知道，上海荟萃了世界各国重要的建筑式样，形成了世界建筑史上绝无仅有的奇观胜景。国际著名建筑大师、美籍华裔贝聿铭先生曾经感慨万分：上海居然保存有如此完好的万国建筑式样。这一城市千姿百态、风格迥异的"凝固的音乐"，高度艺术地再现了东西方建筑语汇的风采与个性，全面立体地叙述了百年上海滩建筑史。

上海与上海的建筑有其特定的历史地位，深厚的历史积淀，它们甚至与整个近代中国的荣耀与屈辱、繁荣与兴衰错综复杂地交织在一起，共同绘就了上海这一国际大都会的历史风景线。

可是，各位是否已经忘了，上海建筑的优秀不仅仅体现在世界建筑群上，还有众多具有中国传统建筑艺术特色的江南典型民居。由于我们在上海建筑史中过于突出其"万国建筑博览"的特征，以致人们一提到上海建筑风格，讲的就是外滩的外国建筑群体艺术和中西结合的近代建筑艺术，却把具有中华民族传统风格的、独特典雅的、在中国建筑史上独树一帜的江南优秀民居建筑忽略了。更有甚者，将这些富有民族传统风格的近代建筑和名人居所肆意拆除、毁坏……

鸟瞰"内史第"

　　今天与大家一起走进上海市浦东新区川沙镇的清代江南民居——"内史第",这就是其中最为典型的一例。

　　当然,保护和利用,拆除与毁坏,都有一定的历史原因,"内史第"沈家大院的历史变迁和拆除恢复也事出有因。

　　1986年,川沙县人民政府对川沙县城厢镇进行旧城改造,将"内史第"整幢十分破旧的建筑列入拆除之列。为了改善城厢镇人民的居住条件,这也是一个无奈之举。然而没有想到的是,在"内史第"宅院面临拆除之际,城厢镇热心人士纷纷向有关部门反映,要求保护"内史第"宅院,并提出"内史第"宅院不仅是黄炎培、宋庆龄等名人的出生地与居住地，更是清代典型的江南宅院。

人们的呼吁，终于使川沙县政府部门改变了原来的计划，将"内史第"沈家大院的第三进院落保护下来。仅存的第三进院落建筑，使人更希望去了解"内史第"背后的故事，"内史第"也牵动着越来越多人的心，引起越来越多的单位与领导的重视。

随着这一个个谜题的逐渐揭开，很多人纷纷起来谴责当时拆除"内史第"宅院建筑的决策者与支持者。笔者作为一个知情人，作为"内史第"拆除前二进宅院的主要执行者，同时也作为"内史第"第三进院落保护下来的关键人物和修缮复原的主要责

"内史第"

任人之一，有这个权利说句公道话：历史的"悲剧"并不是个人的责任问题，历史的"原因"有很多无奈，也有很多无法预料的因素。

好了，就请各位随我一起走进"内史第"，揭开"内史第"兴衰之谜吧！

一、"内史第"宅院始建于何时？由何人所建？

"内史第"宅院建造年代久远，所存资料已无法详尽地论证其建造的确切年代，只能通过现存建筑结构进行分析。据文物与古建筑专家论证，"内史第"沈家大院建造距今约有 200 多年的历史。

对于川沙城内的"内史第"沈家大院确切的建造年代，曾经存在着两种不同的意见：

一说是"内史第"宅院主人沈树镛祖上所建，建于 1859 年以前。

二说是"内史第"宅院第二代主人沈树镛所建，建于 1859 年之后。

一说之理由是：院落始建时，没有取名为"内史第"。沈家人在川沙城内经商，有了些积蓄后，为了能在川沙城内占一席之地，便在川沙城南门选择了这块风水宝地，建造了这幢砖木结构的、富有时代特征的江南典型宅院式民居。整幢建筑是一个较为完整的建筑群，为三进二院二厢房的大宅院：它的第一进东西二楼为主楼，楼与楼之间用过街楼连接，是沈家人自己的居室；第二进为正大厅，是沈家人操办婚丧嫁娶等事项的地方；第三进为内宅楼，是亲朋好友来访居住与沈家收藏文房珍玩的地方。因整幢建筑较为完整，故川沙城内的人都称其为"沈家大院"。

1859 年（清咸丰九年），沈家的子孙沈树镛寒窗苦读十几载，终于高中江南乡试举人，并被选入京城供职，任咸丰年间的内阁中书。

浦东川沙城是一个由移民构成的边防城镇，川沙城里出了个京官可是一件了不起的大事。特别是对于川沙城内的沈家人来说，更是欢欣鼓舞。沈家人为了记载沈家子孙沈树镛任内阁中书的荣耀历史，以期沈家后人都能像沈树镛那样光宗耀祖，

沈树镛

故听从沈树镛的提议，将川沙城南门的这一幢三进二院二厢房的沈家宅第，取名为"内史第"。

喻：沈树镛任内阁中书，著书修史；
意：沈家后人状元及第，光宗耀祖。

二说之理由是：沈家后人沈树镛 1859 年榜中举人后，被选入京城任内阁中书。沈树镛为了显示自己在皇宫内阁中任职的荣耀历史，便衣锦还乡，特意选择在川沙城南门建造了一幢三进二院二厢房的大宅院。沈树镛为了激励沈家后人能像自己一样光宗耀祖，便将这幢新建的三进二院二厢房的宅第取名为"内史第"。

喻：任职朝廷内阁中书，著书修史；
意：盼望后人状元及第，光宗耀祖。

这两种说法截然不同，为揭开"内史第"沈家大院的建造之谜，上海市和浦东新区的文物工作者与古代建筑研究者们展开了积极的行动。经过对建筑结构与相关史实的考察后，认为"内史第"沈家大院为清代内阁中书沈树镛祖上所建之说更趋合理性，并且有较强的说服力，其主要依据有三：

一是通过对相关历史档案的论证分析认定。

古建专家杨嘉佑先生分析：如"内史第"沈家大院的建造年代是1859年（清代咸丰九年）后，那时，沈树镛中举人后刚刚就任内阁中书。一个初入官场、协办文书的中书，只是一个七品芝麻官，其官职是最小的，所拿俸禄也是最低的，要想在皇宫站稳脚跟，就必须要从头做起。所以，一般来说，刚进皇宫任职的小官员，是不可能立即衣锦还乡的。其二，人生买地造屋是一件大事。沈树镛是位官员，所信奉的是"稳"字，讲求的是来日方长，决不可能是为了炫耀而招摇过市。同时，这也不是沈树镛这样一位文人的性格。再说，如果沈家长辈有这个迫切的要求，也要征求沈树镛的同意，即便如此也不可能当年中举、当年任职、当年造屋。要在这么短的时间内就草率完成此等买地造屋之大事，是不可能的。

二是从"内史第"房屋的建筑装饰上分析认定。

如沈树镛任内阁中书后，为了显示自己的荣耀而建造"内史第"，其建筑结构就应该更为气派。

当时，上海东郊的一个边防小镇上能出一位在朝廷任职的官员，不论其官职大小，总是个京官，所以其房屋在雕刻与装饰上也应体现一些皇家京派建筑风格。然而，"内史第"沈家大院的建造风格与装饰特色，虽然具有江南书香门第大家之气派，又独具匠心地创造了浦东地区雕刻艺术的独特风格，但是基本上没有一处能显示出京派或"官"派建筑装饰艺术风格。

据勘察考证分析:"内史第"沈家大院建筑中的雕刻是建筑装饰中的主要部分,主要应用于宅院的建筑构件上。"内史第"的设计者和主人完全是根据江南上海地区的气候和上海民居的风格,考虑到雕刻的持久性远远超过了粉刷、彩画、灰雕等装饰艺术,并更能突显宅院主人的社会地位与显耀身份所特意设计选用的。

众所周知,在中国封建社会里,历代统治者都对色彩的使用限制得甚为严格,庶民百姓往往不敢任意滥用。但是就雕刻而言,除了象征皇帝的龙徽之外,其他如云纹、花卉、树木、飞禽、走兽、戏文、人物等,似乎并无限制。在选材方面更是十分广泛,木料、砖块、石材,均可用于雕琢。因此,雕刻在上海民居建筑中广泛应用,并逐渐成为江南民居建筑中独树一帜的雕刻装饰艺术。

砖雕,是模仿石雕而出现在江南地区的一种雕刻类别,由于它比石雕省工、经济,故在江南民居建筑中逐渐被采用。清代起得到快速发展,特别是在上海郊区大户人家的住宅上。清代末年至民国初期,更广泛应用于江南民间,并逐渐扩展到全国。

砖雕为"内史第"宅院增添了浓厚的文化气息与艺术色彩,又显示出沈家书香门第、大户人家的气魄。从"内史第"宅院古雅

砖雕门楼

精致、飞檐翘角的砖雕门楼就不难看出主人的性格与风度。门楼正面的砖雕是"凤戏牡丹",这是典型的晚清民居设计风格,一般的书香之家都喜欢用这样的图案。门楼两旁的"状元游京城"、"状元献宝"砖雕图案,寄托了主人们的美好希望,愿子孙后代能状元及第,携家人进京游玩。门楼正面中间镶嵌着砖雕而成的四个大字"华堂映日",喻光照日月、旭日东升之意。

门楼反面左右两端有"桃园结义"、"三顾茅庐"的砖雕人物,讲的是一个"义"字,一个"诚"字。喻意做有情有义、诚实可信之人,只要具有真才实学,终有机会报效国家。门楼中间上面是"凤戏牡丹",中间下面镶嵌着砖雕的"德厚春秋"四个大字,讲的是道德品行,有德才有义,有诚才有信,这就是"内史第"宅院主人建造宅院时的初衷,也是"内史第"主人所信奉的做人之本。有了这个做人之本,人才会奋发有为,家才会声势显赫,国才会繁荣昌盛。

沈家大院主人不仅在宅院的门楼上选用"德厚春秋",而且又将宅院的第二进院落正厅取名为"立本堂"。喻"文以人为本,商以人为本,民以人为本,万事皆以人为本"之意。

如"内史第"建筑是在沈树镛中举后进京城任职时建造的,其砖雕所选用的图案应体现"官"派风格,其文字会选用"平升三级"之类以展望今后官运亨通、步步高升。可是"内史第"建筑上的图案与文字没有一处能够表明它是在沈家人做官后建造的。

　　"内史第"宅院的木雕，虽然没有超过宅院砖雕的设计水平，但是其雕刻样式仍不乏独到之处，在室内装饰及建筑梁架构件装饰、外檐装饰上，雕刻设计完全根据主人的身份和房屋的建筑结构进行精雕细刻，使房屋的建筑装饰与木质构件紧密联系，从而使"内史第"的雕刻设计充分体现了雕刻技术与审美艺术的和谐统一。

　　木雕多运用于建筑的梁柱、门窗之上，特别是"内史第"宅院的"立本堂"。木质框架上雕刻着各种图案，正梁和壁梁上镶嵌着鎏金紫铜的雕花纹饰，梁两旁的枕檐，亦由高档木料雕刻而成。"内史第"的木雕艺术，突出表现在落地长窗上。落地长窗，

落地长窗

即直楞窗，它既可作门，又可为窗，开而成门，闭而成窗，一般作为厅堂和檐廊，或厅堂内分间的隔断。长窗的上部为格芯，下部为裙板，格芯为透雕纹样，便于透光，是装饰的重点。其上雕刻的"八仙过海图"让人浮想联翩，"桃园三结义"使人身临其境，"飞鸟花卉"、"吉庆有余"精美无比，令人目不暇接。

石雕，在"内史第"中应用不多，只是一种点缀。其石雕只用于门框、门槛、房柱、梁枋、栏板、台阶等部位。石质坚硬，经久耐用，外观挺拔，并且能防水，民间的住宅建筑中需防潮和受力的构件都喜用石雕。"内史第"石雕最为突出的是门框图案与门槛两边的装饰，但也没有体现出官家的气派。

"内史第"宅院的装饰细节亦未体现出京派或"官"派建筑特点。

如：第一进院落的两扇大门上面装着两只铜门环，只是一般大户人家所选用的样式。

如：第二进院落正厅"立本堂"的八扇落地长窗上雕刻的"八仙过海图"、第三进院落正厅八扇长门上雕刻的八仙所用法器和牡丹等花卉图案，也只是喻示"各尽所能、各取所长"。

如：整幢宅院的正脊尽端选用月牙形起翘予以装饰，给人以庄重高雅之感。飞檐翘角处的蒲鸡头，区别于一般江南民宅，显示出书香门第的气派。

再如：第三进楼上的西厢房，是沈树镛专门用于收藏古籍珍本、书画碑帖的地方，沈树镛进京城任职后才取名为"汉石经室"，也只显示出文人之家的一种意境。

"内史第"沈家大院为一幢较为完整的具有江南特色的建筑群，究其建筑风格与特征，只是上海地区一般大户人家的宅院而已，是无法与"官"派建筑相比的。

三是从"内史第"的建筑结构上分析。

笔者与浦东新区的文博工作者在有关建筑专家的指导下，经过较长时间对"内史第"宅院建筑结构的勘察，尤其是在黄炎培故居即第三进内宅院落修缮时，意外发现其竟然采用了普通人家的无地基建筑方法。

发现这一情况后，笔者当即向修缮黄炎培故居的建筑师们请教。据他们讲，一般在朝廷做官的大户人家的宅院是绝对不可能采用无地基建筑方法的。房屋无地基表示主人无根基，做官的人家当然希望世代相传，怎么会选择无地基建造方法呢？除非沈树镛建造宅第时沈家发生了重大变革，或是经济遇到了严重困难，无力继续建造。但是房屋地基所需银两并不多，从沈树镛在朝廷中任职的情况分析，上述情况是不可能发生的。

综上所述，"内史第"沈家大院是清代内阁中书沈树镛祖上所建，建于1859年之前，至今已有近200年的历史。

二、"内史第"宅院为何只留下第三进院落？

要解开"内史第"宅院为何只留下第三进院落之谜，要追溯到1986年。当时，川沙县人民政府为了改善川沙县城厢镇居民的生活和居住条件，作出了对城厢镇老城厢进行改造的决定。这是一项无可非议的、关心与改善居民生活条件的工程，因而得到了城厢镇人民的拥护与支持。

然而由于"内史第"沈家大院建造年代久远，川沙县人民政府和相关部门在进行旧城改造时，并没有考虑到宅院背后鲜为人知的历史故事。

"内史第"沈家大院在解放前，除了沈家人自己居住外，部分房屋出租给亲朋好友居住。全国解放后，沈家人在黄炎培的动员下将大院第三进、第二进与第一进的一大半房屋献出。先作为中国人民解放军驻川沙部队的一个营的临时营部，后来部队搬出后又作为川沙县文化馆的办公场所。不久，川沙县人民政府又将县文化馆迁至川沙城东门的东城壕路的一座财神庙，故而将腾出的沈家大院作为县级机关临时办公场所与机关干部的宿舍。人民公社化后的一段时间，"内史第"宅院的后两进院落正式成为机关干部宿舍，原机关干部宿舍又逐渐成为机关干部的家属宿舍。"内史第"宅院的沿街房也逐步成为居民住宅，第一进西边的沿街房，又成为县城内设置的商业网点——便民杂货店。"文革"期间，"内史第"沈家大院曾居住过众多的房客，而成为川沙城内有名的"七十二家房客"。"文革"结束后，已住进"内史第"沈家大院的居民无法搬出，而且住房面积普遍紧张，居住在内的居民又不断增多，宅院内还出现了乱搭乱建现象，致使"内史第"院落千疮百孔，最终因年久失修而成为危房。

　　于是在1986年，川沙县人民政府作出了拆除"内史第"沈家大院的决定。没有想到的是，在决定作出之后不久，川沙地方的知情人纷纷提出请求，希望对这幢江南民居予以保护，因为沈家大院是中国毛巾工业的创始人沈毓庆和杰出的社会活动家、教育家黄炎培的出生地，而且又是一座优秀的历史建筑。知情人的呼吁，川沙县人民政府十分重视，责令川沙县文化局予以调查。县文化局正在调查之际，黄炎培先生的三子、我国著名的水利工程专家、清华大学教授黄万里先生来信告知："父亲黄炎培曾对我说'了不起的宋庆龄就出生在这里'。"而"这里"就是黄家人曾经居住过的家——"内史第"沈家大院。与此同时，川沙蔡凯声先生等向县有关部门反映："内史第"沈家大院是黄炎培先生的诞生地和宋氏家族在川沙的居住地，宋庆龄及其姐妹弟弟均诞生于此，而且"内史第"沈家大院还是我国著名金石收藏家沈树镛的收藏馆，所藏秘籍珍本极丰，尤多金石碑帖，有"富甲东南"之誉。希望川沙县人民政府在老城厢改造时，将"内史第"沈家大院划至改造范围之外，并给予保护修缮。

黄万里书信

真是一石激起千层浪。黄万里教授的来信与蔡凯声先生等人的呼吁引起了川沙有关人士的极大关注，从而也产生了"内史第"沈家大院的保护和拆除这一对矛盾。

矛盾已产生，将如何解决？等待川沙县决策人士的决断。

保护与拆除，已成为对立。如何统一才最有益于社会？

由于矛盾的主要焦点是黄炎培先生所说的"了不起的宋庆龄就出生在这里"的问题，由此，对宋庆龄出生地的论证成为当时的重要工作。同时，因为老城厢改造前期工作已经投入了大量的资金，所以又成为经济利益与社会效益的对立问题。矛盾十分突出，一时难以解决。

老城厢改造的方案仍在紧张地实施，保护"内史第"沈家大院的呼声也越来越高。此时，"内史第"沈家大院的第一进院落已开始动工拆除，整幢建筑面临被拆毁的危险……

拆除与保护，利益分歧，意见不一。

拆除与保护，针锋相对，各不相让。

在这一矛盾面前，川沙县文化局迫于社会压力和出于社会责任，正式向川沙县人民政府提出将名人故居"内史第"沈家大院作为名人出生地和近代历史优秀建筑进行保护的请求。

川沙县人民政府的领导十分重视，立即召开了"内史第"宅院建筑保护和拆除工作的协调会议，并进行专题研究。会议上，有关部门的领导都发表了自己的意见，在各自的职责面前，保护与拆除的意见仍有很大分歧，无法统一。

保护方认为：宋氏家族在"内史第"宅院内居住和宋庆龄出生在"内史第"的史实虽然有待进一步考证，但在考证期间必须维持原状。另外，应考虑到"内史第"沈家大院是著名的社会活动家、教育家黄炎培先生和著名的音乐教育家黄自先生、革命烈士黄竞武的诞生地，也是江南收藏家沈树镛的"汉石经室"，还是上海的优秀民居建筑，"内史第"沈家大院作为历史文物给予保护是十分必要的。一旦拆除，其损失将无法弥补。

拆除方的意见是：宋氏家族在"内史第"宅院内居住和宋庆龄出生在"内史第"的史实依据不够充分，专家没有定论，不能作为保护的理由。况且川沙老城厢改造是县人民政府作出的一项决定，是为人民造福的实事工程，目前改造的前期工作已基本完成，不能停顿，应该继续实行。

"内史第"院落建筑保护和拆除的争论在继续……

"内史第"保护与拆除的现场办公会议在进行……

宋庆龄出生地调查取证与论证工作在组织力量……

川沙古镇老城厢改造的方案在紧锣密鼓地实施……

川沙县人民政府在综合分析以后，终于作出了初步的决定：一、宋庆龄出生地认定依据不足，"内史第"院落仍按照川沙县老城厢改造方案予以执行；二、黄炎培故居已认定予以保护，黄炎培故居第三进内宅院落可采取整体落架修缮的方法。

虽然这个决定对于拆除方与保护方都不理想，但是按照组织原则必须坚决服从。

拆除方，县老城厢改造工程主管部门，提出了将"内史第"沈家大院第三进内宅院落黄炎培故居，整体搬迁到正在新建的川沙公园内进行"择地复原"的初步意见。

保护方，县文化行政主管部门，考虑到黄炎培先生的社会地位与影响，提出了"内史第"沈家大院第三进院落系黄炎培先生出生地，作为名人故居属于《中华人民共和国文物保护法》中规定的不可移动文物，不宜异地落架整体搬迁，应报请上海市人民政府列为市级文物单位予以保护。

川沙县人民政府最后采纳了县文化行政主管部门的意见。1986 年以川沙县人民政府的名义，报请上海市人民政府将黄炎培故居列为上海市文物保护单位。

上海市人民政府接到请示后，将其转至上海市文物管理委员会。文管会的专家们再一次到"内史第"进行实地勘察与研究论证，认为黄炎培先生是杰出的爱国主义者、著名的社会活动家、新中国德高望重的领导人，将先生的故居作为文物保护是十分必要的。1986 年 8 月 2 日，上海市文物保管委员会（86）沪保字第 328 号文批复：同意将黄炎培故居暂列为川沙县文物保护单位，予以保护。

"内史第"宅院第三进内宅院落黄炎培故居，终于得以保护下来，但是第一进院落沿街房——宋庆龄出生地，因认定证据不

为何会有众多中国近代史上的杰出人物诞生于"内史第"？他们的祖辈为何来到浦东川沙"内史第"生活？"内史第"又为何成为众多名人成长的摇篮？是因为"内史第"是一块风水宝地？还是历史的一种巧合？抑或是冥冥之中注定的缘分？

　　这个谜题一直没有真正解开，直到原川沙县与浦东新区文物、文史研究人员正式开展调查后，才得出了一个比较明确的意见。

　　众多近代名人诞生与居住于此，不仅是因为"内史第"是一幢古朴典雅的江南民宅，也不仅是因为其建筑装饰风格别致，而主要是在这幢民宅中，诞生与居住过的众多名人间有着千丝万缕的联系，更是"内史第"主人内阁中书沈树镛与其子民族工商业家沈毓庆的社会地位、处世哲学与交往广泛的结果。这是其一。

　　其二，"内史第"是浦东川沙的一个文化中心，有着良好的文化氛围与人文资源，加之上海这座城市的开放与包容，造就了黄炎培、宋庆龄、胡适等在中国近代史上有较大影响的杰出人物，以及沈树镛、沈毓庆、黄洪培、黄方刚、黄竞武、黄自、黄万里、黄大能、黄组方、黄长风等专家、学者、民族企业家等，令世人瞩目。

胡适　　　　　　　　　　　黄炎培

一、"内史第"宅院主人沈树镛与沈毓庆其人其事

（一）"内史第"宅院第二代主人沈树镛，是清代晚年金石碑帖收藏家、鉴定家、书画鉴赏家、文物古籍收藏家

沈树镛，1832 年（清道光十二年）出生在"内史第"第一进院落正房的前楼内。1859 年（清咸丰九年），沈树镛经江南科举考试中举人，后赴京城任内阁中书。由于他博学多才，虽然官职不大，但在宫中左右逢源，做了咸丰、同治两朝的内阁中书。

沈树镛一生对碑版文字考订精辟，所藏秘籍珍本极丰，尤多书画金石碑帖，有"富甲江南"之誉。1863 年（同治二年），沈树镛又获宋拓《熹平石经》，凡一百二十七字，其本为"西泠八大家"之一的黄易收藏。后沈树镛又觅得孙承泽研山斋藏本《熹平石经》。《熹平石经》是我国历史上最早的刻于石碑上的官定儒家经本，东汉灵帝熹平四年（175 年）时由蔡邕用隶书写就《周易》、《尚书》、《鲁诗》、《仪礼》、《春秋》和《公羊传》、《论语》等经，镌刻于碑，立于洛阳太学讲堂前，诏示天下儒生，以校正传抄之误。后遭战乱，荡然无存。宋代始有《石经》残石出土。沈树镛所藏《石经》残字，为世间稀见之本，弥足珍贵。

沈树镛幸得《石经》珍本后，遂将"内史第"书斋"宝董室"改名为"汉石经室"。并悉心钻研，潜心著述，辑有《汉石经丛刻目录》、《汉石经室跋尾》等。清代学者俞樾曾称："沈家收藏金石之富，甲于江南。"

沈树镛生前所校正、编辑、刊印的其他金石、书法作品甚多，可是由于后人保管不善，加上社会动荡，多已散佚，留存尚少。

沈树镛在京城任内阁中书一晃已十年有余，而且事业有成，朋友众多，可算是春风得意。他的一些亲朋好友，如湖南巡抚吴大澂等都十分希望沈树镛继续留在皇宫任职。可是由于沈树镛厌倦了宫廷内的勾心斗角，也看不惯皇室行贿卖官等种种丑恶现象，特别是自己老来得子，却背井离乡，时常挂念家人，故权衡之后辞官返乡。

汉石经室

　　沈树镛回到川沙后，一方面依靠祖上与自己所积蓄的钱财置地开店发展家业，一方面凭借自己的才干悉心钻研金石碑帖、古籍书画。

　　沈树镛长期居住于"内史第"沈家大院内，很少外出。研究石经，鉴定文物，行书作画，著书立说，并与家人一起享受天伦之乐，直至故世。

　　（二）"内史第"宅院的第三代主人沈毓庆，是民族企业家、上海浦东毛巾厂创始人

　　沈毓庆，字肖韵，1868年生于"内史第"宅院第一进院落正

房的前楼内。

沈毓庆从小深受父亲沈树镛的教诲和"内史第"浓厚文化氛围的熏陶，再加上他从小聪明、勤奋，遂学有所成。17岁时就考取秀才，中日甲午战争爆发后，他弃笔从戎，投身舅父湖南巡抚吴大澂幕下，监督湘军出关御敌。后因清政府签订丧权辱国的《马关条约》，沈毓庆愤而返乡。可当他回到家乡后，看到川沙的建设十分落后，经济发展十分缓慢，人民生活困苦，一种振兴家乡的责任感油然而生。于是，沈毓庆开始描绘振兴川沙的蓝图，全身心投入到家乡的建设与民族工业的振兴之中。

为了发展川沙的地方工业，沈毓庆积极引进国外的先进技术。1889年，他从日本进口了毛巾纺织机，在自己的家中开设毛巾厂，并聘请技师教家中女眷学习纺织技术，然后再教邻近的妇女学习纺织。待有了一定的成功经验之后，他毫无保留地将纺织技术扩展到整个川沙的城镇与乡村，一时川沙地区的纺织业蓬勃兴起，镇镇有工厂，村村有织机。沈毓庆的举动不仅有力地促进了川沙地区工商业的发展，还为川沙城乡的居民找到了一条致富之路。

1900年，沈毓庆得知房客宋耀如牧师有意经商开厂，他又联合宋耀如等有志于开发川沙工业的人士，开设了川沙经记毛巾厂，成为上海第一家由中国人开设的毛巾厂。这也开创了浦东毛巾业的先河，并为享有盛誉的上海浦东川沙毛巾面向全国、走向世界打下了坚实的基础。

尔后，沈毓庆与宋耀如并不满足于浦东川沙地区的民族工商业的发展，又到上海浦西去施展才华。在经过较为艰苦的创业期，经历了各种各样的考验与风风雨雨的锻炼后，终于有所成就，成为上海小有名气的民族企业家。

二、在"内史第"居住过的一代文豪胡适

中国近代史上的一代文豪胡适也曾与母亲一起在"内史第"居住过整整一年之久。胡适与母亲为何会在此居住呢？这就要从胡适的祖上说起。

胡适曾祖父是安徽徽州绩溪县人，1840 年前后，他和儿子来到川沙城经商，并在中市街上租了一个店铺开了一家胡万和茶庄。

俗话说，"无徽不成镇"，因经营有方，胡家人逐渐在川沙城内站稳脚跟，并以川沙城为立足点，将胡万和茶庄扩展到上海浦西，但浦西的这一家支店没有开在租界，而是开在了华界城区。

太平天国战乱，使浦西的胡万和支店被焚毁；川沙城内的胡万和茶庄也遭受较大的破坏，但是胡家人并不气馁，他们为了重振浦西华界和浦东川沙两地的胡万和茶庄，再一次进行艰苦创业。此后，生意越做越大，真正打出了胡家的品牌。

胡适父亲胡传又名胡铁花，1856 年，16 岁的胡传随其先祖来到川沙，一边学习经营茶叶店，一边由其先祖延聘塾师教授诗文。

胡传十分聪颖，很早就为其伯父"量五公"所赏识。他认为有这样资质的青年子侄，实不应该埋没在一个小茶叶店里。后来经家族中长辈特地选出，胡传专心读书，以便将来参加科举考取功名，光宗耀祖。1865年，胡传进学为秀才。后投到吴大澂门下做幕僚。1889年被调往上海任"淞沪厘卡总巡"。

1891年，胡传爱子胡适在上海出世。第二年，胡传调往台湾任职。考虑再三，将家眷留在了上海浦东。请黄叔才、沈树镛两家人代为照顾，胡适与母亲便在"内史第"居住了整整一年。

胡适虽然在川沙"内史第"沈家大院只居住了一年，但他对川沙有着十分深厚的感情，经常在书中提到川沙，特别是与黄炎培先生的交往。

在胡适的口述自传中提到："我家在一百五十年前，原来是一家小茶商。祖先中的一支，曾在上海附近一个叫作川沙的小镇经营一家小茶叶店。根据家中记录，这小店的本钱原来只有银洋一百元（约合制钱十万文）。这样的本钱实在是太小了。可是先祖和他的长兄通力合作，不但发展了本店，同时为了防止别人在本埠竞争，他们居然在川沙镇上，又开了一家支店。后来他们又从川沙本店拨款，在上海界（城区）又开了另一支店。在太平天国之乱时，上海城区为匪徒所掳掠和焚毁，川沙镇亦部分受劫。先父对这场灾难，以及先祖和家人在受难期间，和以后如何挣扎，并以最有限的基金复振上海与川沙两地店铺的故事，都详尽地记录。这实在是一场很艰苦的奋斗。"

胡适曾说过他见到了"当今教育界一个最有势力的人",而这个人就是黄炎培。

1918 年 6 月 20 日,胡适由北大致书远在故乡安徽绩溪的母亲:"昨日有一位朋友蒋梦麟先生从上海来,我约他在中央公园吃饭。到了晚上,他来了,还带了一位客,问起来始知是江苏教育总会会长黄炎培先生。黄先生是当今教育界一个最有势力的人,我们几次想相见,总不曾见着。今晚才遇着他,两人都很欢喜。"

其实,胡适与黄炎培初次相见的喜悦,还不止于此。相叙之下,更让胡适"心里很欢喜"的是两家先人的渊源关系,"我们原来是世交"。

胡适祖籍安徽绩溪,1891 年出生于上海大东门外,次年随母亲迁居川沙"内史第"。黄炎培 1878 年出生于上海浦东川沙城"内史第"。胡、黄两人攀上世交,不仅是出生地的关系,还因胡适之父胡传与黄炎培之父黄叔才为至交。

胡适的高祖父早先在川沙开有万和号茶铺,到祖父一辈又在上海增开茂春号。胡传出了绩溪上庄的私塾后,即赴川沙。1865 年,胡传做了秀才郎,但科举之道并不顺畅。"屡踬省试,数荐不售"。后拜学于上海龙门书院。1881 年,胡传得乡友介绍,远赴东北宁古塔,追随当时督办边防事务的清廷官员吴大澂,在吴氏幕下奔走六年,参与中俄勘界各项军机,颇得吴氏赏识。

1887 年，吴大澂调任广东巡抚，胡传亦跟随。次年因黄河堤溃决口，吴大澂任河道总督，接办堵口工作。胡传辅助督修大堤，因治河有功，吴大澂特向朝廷推荐："有体有用，实为国家干济之才，可备一方牧令之选。"

吴大澂为广东巡抚及河道总督时，胡传与黄叔才同在幕府中做事，相互之间十分投缘。黄叔才佩服胡传的学问才气，时常在自家孩子面前夸赞。胡适与黄炎培初次晤面，问及黄炎培来北京做何事时，黄炎培答称将赴东三省做教育考察。胡适叙道："先君曾在吉林做官，又曾到过边界上勘界。"黄炎培追问胡适父亲名讳，当胡适说出单名一个"传"字时，黄炎培即大惊道："原来令先君就是铁花老伯?!"接着夸赞胡适，"铁花老伯应该有适之兄这样的后人"。胡适到北大后，虽博有时誉，但"人家只知道我是胡适，没有人知道我是某人的儿子。今次忽闻此语，觉得我还不致玷污先人的名誉，故心里颇欢喜"。

胡适母亲冯顺弟，也是安徽绩溪县人。婚后随丈夫胡铁花来到上海，曾多次到川沙开设的胡万和茶庄小住。1891 年胡铁花去台湾任职时，她与不满一岁的儿子胡适寄住在川沙城"内史第"宅院。一年后，胡传前来将冯顺弟母子接去厦门。

1895 年台湾被割予日本，胡铁花只得将冯顺弟和三岁的幼子胡适送回安徽绩溪上庄老家。当年 8 月 22 日，胡铁花内渡途中病殁于厦门。

丈夫去世后，年仅二十三岁的冯顺弟就开始守寡，为了儿子胡适受尽了人生的痛苦和折磨。她把全部希望寄托在儿子身上，对他的教育非常严厉，尽管胡适从小身体就十分虚弱，她也从不迁就儿子，她希望儿子今后能出人头地，光宗耀祖。为了胡家，为了儿子，她整整守寡二十三年，直到去世。

三、"内史第"与黄炎培的渊源

黄炎培祖上自河南迁至上海浦东时居住于南汇瓦屑镇，而为何黄炎培等众多黄家子女都出生在川沙城的"内史第"沈家大院呢？这其中的缘由，要从黄氏始祖说起。

据黄氏家谱记载：黄炎培始祖黄彦，号元一，宋康王府侍卫，汴梁人。从宋高宗南渡，迁至句曲（即南京句容县），生五子：长留句曲，次徙湖广，三迁淮安，俱失名，四子天祥，由姑苏转徙吴江路至崇明西沙黄家村，五子天瑞，同兄而东居嘉定滕阳巷（宋时属昆山县，后属嘉定），至七世伯俊（天瑞支），由滕阳迁居清溪镇（又名清浦古场，即今浦东高桥镇）之江东村黄家楼下，后人建宗祠于彼，并举八世祖文明公为始祖。

黄文明，名官一，文明为其号，有弟官二、官三，一迁余姚，一迁崇明。至十九世（自彦始）霖，字既霭，号雪谷，生于清顺治十七年。本谱即为其支下所修，故有"雪谷公支谱"之称。

《支谱》卷五《世传下·雪谷公传》云：公为人意气和平，仪容端雅，虽膂力过人，未尝发颜征色，待人谦敬，持己庄严，以行次列三，里人俱称"三老佛"焉。生五子，因以"应岳"二字榜堂楣，取厚重不迁之意。

雪谷公生五子，以岱松（字震青，号泰峰）、衡松（号载南）、华松（号临西）、恒松（字觐东，号古存）、中松（字宗嵒，号中岩）名名，故世传为"应岳"，派析五房。

黄炎培先生即出四房恒松支下，曾祖父志渊，字贞庐，号小恬，亦国学生，为铭鼎（字范夫，号恬畬）嗣子。祖父典谟，字静山，号厚余，国学生，光绪初年从高行居川沙城内"内史第"。父煜林，字瑞甫，号叔材，邑庠生，补用县浙江试用府经历，生一子二女。①

沈树镛为咸丰九年举人，任内阁中书。沈树镛与黄炎培的祖母、外祖母是同胞兄妹。1878年10月1日，黄炎培出生于"内史第"内宅（今兰芬堂74弄1~8号）院落内。黄家世代为官，黄

---

① 参见《黄氏族谱》，现藏黄炎培故居。

炎培祖父黄典谟官至六品。可自祖父起家道日趋中落，其原因有三：一是黄典谟在外为官清廉，并时常接济穷人，没有余钱寄回家中；二是黄家子孙多，读书人多，经常入不敷出，只能变卖家产度日；三是家中田地虽然租给别人种，但因收成不好，黄家出于同情自动减租，更使家中困难。

沈树镛从京城辞官后，见同胞姐姐家中日渐困难，便多次接济，但仍未改变姐姐家的困境。没想到后来黄家又雪上加霜，约1872年，黄典谟不幸过世，黄家断了主要的经济来源。属于黄典谟一支的黄家人，已经无法在浦东高行镇上继续生活了，只能搬往南汇瓦屑破旧的老宅。沈树镛看到姐姐家如此困难，便多次邀请姐姐黄沈太夫人到川沙"内史第"沈家大院居住。黄沈太夫人见弟弟盛情难却，她自己也力不从心，难以支撑起这个家，便答应其弟的要求，于1873年携全家从南汇瓦屑镇的老宅，迁往川沙镇的娘家"内史第"沈家大院。

黄典谟与黄沈太夫人的小儿子，名黄叔才，是上海县学秀才。黄叔才性格开朗，仗义执言，颇有学者风度。他不仅做过私塾教师，也做过巡抚幕僚。由于黄家祖先遗训，黄叔才从小就养成了豪气侠义、好打抱不平的性格。他经常出面帮助川沙、南汇当地受冤的穷苦百姓写状书，状告那些仗势欺人的地痞小人，而且从不收取酬金。当地官吏也惧怕他三分，只要是接到黄叔才写的状子，都会认真对待，不敢草率从事，以免有误。所以黄叔才在浦东川沙、南汇两地颇有侠义之名。

对此，黄炎培曾说："吾家先辈，颇以豪爽、耿介、尚侠、好义、做事精能见称于乡里，亲朋好友，尽力扶助；有难，尽力救护，寝成家风。"

1877 年元旦，他依照母亲之约，娶表妹孟樾清为妻，孟樾清是黄沈太夫人妹妹的女儿，家住川沙镇东门外。

孟樾清知书识礼，贤淑厚道，敬老爱幼，勤俭持家，深得黄、沈两家的称赞。孟樾清是沈树镛与黄沈太夫人的外甥女，黄叔才与孟樾清又是表兄妹，他们的结合是当时上海浦东十分流行的"亲上加亲"。

黄叔才与孟樾清成婚时，作为长辈的沈树镛将他们的结婚用房就安排在"内史第"第三进院落的东厢房后楼内。

（一）"内史第"奠定了黄炎培立志振兴中华的远大理想

1878 年 10 月 1 日中午，突然一场大雨倾盆而下，雨过天晴，"内史第"内传出婴儿的啼哭声，随着这一阵阵婴儿的啼哭声，顷刻间，沈家大院内上上下下呈现出一派喜气洋洋的热烈气氛。孟樾清生下了一个男孩，黄家喜得贵子，沈家新添外孙，黄、沈两家看着这胖乎乎的、活泼可爱的初生婴儿，相互道喜，企盼他长大后能出人头地、光宗耀祖。作为舅祖父的沈树镛亲自为小外孙取名"黄炎培"，名字也十分契合黄叔才的心意，于是，黄炎培便成了"内史第"沈家大院内的一名新成员。

黄炎培生长在"内史第"沈家大院这样良好的文化氛围中，使他从小就受到了优良的家庭教育。

　　在黄炎培蹒跚学步时，"汉石经室"就成了他最向往的地方。每次母亲牵着他的小手经过"汉石经室"时，他都会情不自禁地睁大眼睛向里面张望。看见叔叔伯伯们津津有味地谈论着书籍时，黄炎培充满了好奇，为什么姑夫、爹爹与叔叔伯伯们经常待在这里呢？这里到底藏着一些什么样的好东西？好奇心促使他经常站在书斋的门口向里面偷偷观察，他要发现其中的奥秘。

　　随着黄炎培渐渐长大，他对探索"汉石经室"的秘密的兴趣越来越浓。黄炎培经常悄悄跟在叔叔伯伯们的后面，想偷偷溜进这向往已久的书斋，曾有几次他悄悄溜进门却被赶了出来。长辈们越是这样，年幼的黄炎培越是想进去。

　　一天，他总算遇上了一次好机会，他见叔叔走出来时没有将书斋的门关上，便偷偷溜了进去。发现里面全是各种各样的小石块与古籍之类的东西，他真弄不明白，为什么这些东西会使姑夫、爹爹与叔叔伯伯们如此迷恋？有时母亲也会待在里面一整天，甚至连吃饭也忘了。他盼望有一天，也能与大人们一样，随心所欲地待在里面，揭开这其中的奥秘。

　　这一天，黄炎培终于盼来了，"汉石经室"向他敞开了怀抱。那是他6岁那年，母亲亲自教他读书临帖，这让小黄炎培高兴了好一阵子，但他没有想到，读书写字是那么难，整天玩耍的幼年时代再也没有了。也不知是什么原因，自从在母亲的教授下开始读书起，慈祥可亲的母亲变得严厉无情，不论是赤日炎炎的夏天，还是寒风呼啸的冬天，他整天捧着书本看啊、读啊、写啊，把全部精力都放在了学习上。

贪玩是孩子的天性，小黄炎培却每天坐在书斋里读书习字，窗外小伙伴们的嬉戏声，偶尔也会使他动心，这时母亲总会耐心地劝导他。

母亲循序渐进的教育方法，使小黄炎培逐渐感受到读书的乐趣。特别是母亲教会他与远在广东的父亲写信后，能通过用笔写字与日思夜想的父亲在信中对话。父亲在来信中不时夸奖他、教育他，还给他讲外面的精彩世界，这更使他兴奋与激动，字里行间竟有如此丰富的知识和妙趣横生的故事，还有那么多无法弄明白的事情待他去读懂。

学习过程中，黄炎培经常向长辈们求教，也经常待在"汉石经室"中不停翻阅、不断临摹。虽然沈树镛曾将"汉石经室"中的石经与有关书籍捐献出，但是仍留下了不少书籍与碑帖。在这里，黄炎培不仅学到了丰富的文化知识，而且也汲取了中国书法艺术的精华。由于母亲还经常结合书籍与碑帖，给他讲述中国历代名人的故事，使黄炎培懂得了不少做人、治学的道理。

黄炎培天资聪颖，记忆力极强，上私塾后，每学习一课，只当天读上十遍，第二天清晨便可到教师面前背诵，保证一字不差，是一个小神童。

九岁时，外祖父孟荫余曾以"家在江南黄叶村"为题，命演绎成四句，没想到黄炎培立时写出了开首的两句"地处家何处，江南有几村"。从而大得外祖父之褒勉，并把这两句加上了密密的朱圈。

黄炎培儿时作业

黄炎培外祖父孟荫余授课多不表扬学生，这次他能破例对自己的外孙予以褒勉，大大出乎孟樾清的意料。她为儿子的刻苦用功、学业进步而兴奋不已，并让黄炎培写信告知远在千里之外的父亲。

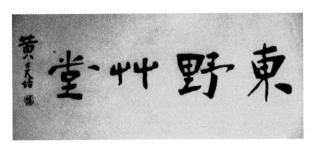

黄炎培书"东野草堂"

　　一天，姑夫沈毓庆准备好好考一下这个外甥，于是给黄炎培出了一联："相对一庭花，久而生厌。"小黄炎培却对出了："纵谈千古事，快也何如。"这一联，又得到姑夫沈毓庆的好一番夸奖。长辈们的循循善诱，对黄炎培的一生起了很大作用。

　　此时的黄炎培，虽入东野草堂读书，但也常回到"汉石经室"汲取养分。《史记》、《汉书》、《三国志》、《庄子》、《墨子》等书籍，以及李白、杜甫等大诗人的作品，他都能熟读成诵，连当时的提学都叹服他读书之多。后来他与邵力子、张志鹤等编译《支那四千年开化史》作中学教材，凭借的就是他惊人的记忆和理解能力。

　　19世纪80年代末，十岁的黄炎培才开始从姑夫沈毓庆处接受西学。那时黄炎培白天到川沙城东门外祖父孟荫余的"东野草堂"读书，晚上就住宿在城内姑夫沈毓庆家，并在姑夫的书斋中博览群书。

一天，黄炎培放学回家，刚踏进家门，就见姑夫沈毓庆在书斋门口招呼他进去。走进书斋后，发现姑夫手中拿着一本厚厚的书，正神秘地对着他笑呢！他走上前去，从姑夫手中接过书，凑到灯下仔细看起来。只见书的封面上印着三个大字：天演论。原来是英国生物学家赫胥黎写的《天演论》！黄炎培早就听姑夫介绍过这部作品，可惜他从未见过。

黄炎培自从得到了《天演论》，便爱不释手，每天晚上都要挑灯夜读，完全沉浸在广博的西方文化的海洋之中。他认真阅读，吸收书中所阐发的惊世道理，并记下了大量心得体会。

《天演论》是一部介绍进化论的好作品，由我国著名翻译家严复先生引进，书中说到生物界的进化有"物竞"和"天择"，意思是一切生物都处在相互竞争之中，还认为生物界的这种"物竞天择，适者生存"的规律同样适用于人类社会。黄炎培联系当时中国面临瓜分的危机，更觉这本书对自己、对国家有十分重要的警醒作用。

不仅如此，译者严复先生还在书中阐发了自己独到的见解。他站在反对帝国主义列强的立场上，从挽救中华民族出发，大声疾呼：中国如不变法图强，就无法逃脱这"优胜劣败"的结局。

少年黄炎培所处的年代，正是我国面临民族危亡的关键时期，清朝统治腐朽没落，软弱无能，却闭关自守，仍以老大自居；西方帝国主义列强迈着铁蹄疯狂地闯进了我们的家园，肆意瓜分我们的国土，掠夺我们的财富，祖国山河支离破碎，劳苦大众流离失所。

看到严复先生的话，再想到国家的现状，黄炎培胸中积蓄已久的爱国热情喷涌而出："是啊，只有民族振兴了，国家才不会受到帝国主义列强的践踏，我一定要努力学好科技文化知识，运用西方先进的理论来振兴中华！"在《天演论》的启蒙下，黄炎培立志为中华崛起而努力读书。

可是，黄炎培虽然与立宪派及革命派人物处于同一个时代，又处于开埠时期的上海，但是，黄炎培从小深受家庭教育与旧式教育的影响，走的仍然是一条读书做官才能为国为民的老路。十四岁时学做八股文，得到江南乡试中试第一名曾朴的朱卷。

然而，正当黄炎培满腹踌躇时，体弱多病的母亲孟樾清因过度劳累积劳成疾，抛下了年仅十四岁的他和两个年幼的妹妹离开了人世。母亲去世时，只有三十五岁。

失去母亲的黄炎培在祖母黄沈太夫人与姑夫沈毓庆的帮助下，终于从极度的悲痛中解脱出来。他牢记母亲临终时的嘱托，刻苦攻读。当读到北宋哲学家张载《西铭》中的"民吾同胞，物吾与也"时，引起了他的深思。他认为，同类者视为兄弟，称为"吾同胞"；异类者视为朋友，称为"吾与"，于是"天赋吾不忍杀生之一点仁心"。

黄炎培为了减轻家庭负担，一边瞒着自己的祖母与外祖父利用课余时间在川沙城东门外的百货店与中药铺里干些零活，一边继续在外祖父的私塾求学读书。

　　可是他万万没有想到，母亲去世不到二年，父亲黄叔才也因长期在外辛苦工作而患咯血病故世。兄妹三人从此竟成了无依无靠的孤儿，不仅失去了家庭的温暖，而且生活也没了着落。祖母不愿让她的三个孙儿女被亲戚分头领养，出于无奈，只得带着他们在伯伯、叔叔家中轮流吃饭。

　　失去父母的黄炎培悲痛欲绝，痛定思痛，他感到自己作为长子，应该承担起这个家庭的全部责任。此时，黄炎培已下定了决心，要放弃自己的学业，打工赚钱把两个妹妹培养成才。黄炎培向祖母陈述了自己的想法，谁知，遭到了祖母的坚决反对。祖母表示，即便把黄家祖上所有家产变卖掉，也要让他完成学业。在祖母与姑夫沈毓庆等长辈的再三规劝下，黄炎培才放弃了这个念头。

　　黄炎培虽然放弃了打工赚钱承担家庭责任的念头，但他并没有改变边打工边读书的想法。他为了减轻大家的负担，经常在城内外到处打工。后来他的行为虽被家人发觉了，但并没有听从他们的劝告，他表示，决不会因此而影响自己的学业，祖母见外孙如此倔强，也就不再坚持了。黄炎培从此不必再背着亲戚们打工赚钱，正式开始了勤工俭学的艰难生涯。

　　在祖母的悉心照顾下，黄炎培与妹妹们的生活有了着落，而

且两个妹妹也都进了私塾读书,失去父母的兄妹三人十分感激自己的祖母以及其他亲戚们的关心与帮助。为了报答这份恩情,黄炎培立志决不辜负他们的期望,要拿出优异的成绩为黄家争光。最后终于考取了清朝末年的秀才。

中秀才后,黄炎培被浦东南汇三灶周氏馆聘为私塾教师,开始了他为家庭、为人生奋斗的又一个新征途。可是,迎接他的却是一条更为曲折、泥泞的道路。

(二)"内史第"的文化熏陶,使黄炎培考入南洋公学

刚开始私塾生涯的黄炎培,一天忽然收到姑夫沈毓庆的来信。

信中说，南洋公学登报招考学生，让他不要再当私塾老师了，快去应考，继续深造。如能考取，他的学资和全家的生活费用已与黄家的三位亲戚谈妥共同给予资助。

黄炎培得知消息后立即赶往上海南洋公学报名，在姑夫沈毓庆的指导下选中了南洋公学上院特班学习深造。

要进入南洋公学读书，并不是一件容易的事，要经过笔试、口试两次考试。其中口试的老师是在国内享有一定声望的张元济。张元济是清代进士，并进入翰林院，后任刑部主事。与康有为、梁启超等维新人士一样，专注于"以身先之"的"醒人救人"之业。倡西学，办英文学堂。曾参与"戊戌维新"运动，"戊戌维新"失败后，张元济被清朝政府处予"革职永不叙用"惩罚。罢官后，张元济以一个大文化人的清明理智和兼容情怀超脱于派别之间，专注开启民智、扶助教育和"谋国家文化上之建设"，并成为一个"大变动时代的建设者"。1899年4月由李鸿章推荐，应盛怀宣之邀出任南洋公学译书院院长，1901年兼任南洋公学总理（校长）之职。

南洋公学开设特班，是张元济在总理任上所做的一件十分重要的事情。1901年3月，南洋公学附属小学正式开学，一切步入正轨之后，张元济就开始致力于南洋公学上院特班的筹备工作。为了使特班的开设能顺利通过，他在给盛怀宣的呈文中，详细阐述了在南洋公学开设特班的重要性：

公学中院每年招考学生虽悉凭汉文录取，而根柢既薄，成就自必较迟。惟师范一班，现在专攻西学，积之有得，或不难中西贯通。然学额不过十人，造就终嫌未广。窃维数年以内，风气顿开，硕彦名流，大都喜通彼学，徒以学堂有限，肄习之司浅尝辄止，良堪悯惜。兹奉钧谕，增设特班，广招秀出之材，俾跻大成之域。①

张元济还在亲自为特班拟定的章程中规定：设立特班旨在"以待成材之彦士有志西学，凡学识淹通、年力健强者均可入学，有无出身勿论，曾习西文否勿论"。课程分前后两期：初级课程为英文、算学、格致、化学；高等课程除进一步学格致、化学外，还需学习地志、史学、政治学、理财学、名学，并要求学生在攻读西学课程之余，博览中西方有关政事的书籍。

呈文及章程批准后，张元济亲自主持了特班的招生考试，并聘请有先进教育主张的、实践经验丰富的、闻名于海内外的一代教育大师蔡元培先生出任特班班主任兼总教习。

黄炎培对张元济总理的声望与为人有所了解，他一见到这位忠厚长者，心里便踏实多了。

张元济问："你信仰宗教吗？信哪一种宗教？"

---

① 周武：《张元济：书卷人生》，上海教育出版社，1999年，第59页。

黄炎培确实没有想到张元济校长会提这样的问题，于是他便实话实说："我什么宗教都不信。"

"不信宗教，很好。年轻人多学点知识，以后大有可为"。张元济十分赞赏地说，似乎他对黄炎培这样的青年有些偏爱。

张元济又问了一些有关知识层面的问题和国际、国内时势的问题，这些问题黄炎培都能对答如流。就这样，黄炎培如愿进入了南洋公学，也成为黄炎培人生的第一个重大的转折点。

黄炎培就读的南洋公学上院特班，全班共有四十二人。与黄炎培同班的同学有李叔同、章士钊、邵力子、汤尔和、谢无量、胡仁源和殷洪亮等。上院特班的总教习蔡元培先生教学严谨，认真负责。他第一次给学生们讲话就说道："现在中国被西洋各国欺侮到了这步田地，我们要'知己知彼，百战不殆'，认清自己的弱点，也要了解国际大势。要了解国际，必须通晓外国文字，读外国书刊。英文是要读的，学日文也好，从日文中同样可以了解国际情况。总之，只要各位悉心治学，一定大器可成。"

黄炎培从小就有"救国救民"的思想，于是决定选外交学作为自己的专业。他把想法告诉了蔡元培先生，先生很高兴，给他开列了《国际公法》和外交文牍几种，并教他日本"和文"的翻译技巧。

黄炎培接受了多年的封建思想教育，对扑面而来的西方近代思想具有强烈的求知欲望。每读一本书，都按照蔡元培先生的要求与指点写下笔记，并送先生批改。

蔡元培先生曾对他说："炎培，你的文章我都一一看过，有所长进的是《春秋战国时期的爱国者》一文，你能在战国时期的爱国人士中对比分析，思路开阔，难能可贵。只是你行文受儒家思想影响太深，还要开朗些为好。"

特班开设不久，张元济因不满美国人福开森监院堂而皇之地以校长自居，产生了不可避免的矛盾。在向学校上级申诉无实质回应的情况下，以"与同事洋人殊难得调"为由向盛怀宣提出辞呈，辞去了总理之职，专任译书院院长。张元济总理的辞职，虽然引起学校教师与学生们的不满，但是并没有影响特班的教学。

黄炎培在特班学习期间，深受蔡元培、马良等先生教诲，进步很大，成为南洋公学特班的高材生，并经江南乡试得中举人。

1902年，黄炎培中举不久，南洋公学竟然发生了一场风波。因中院特班学生不满汪凤藻总办主观武断，不加调查就开除无辜学生，全班学生一致请求，结果全班学生均被开除。中院学生十分不满校方的决定，推选学生代表面见汪凤藻，请求收回成命，汪凤藻却再下手谕，将中院1 000多名学生全部开除。由此，风波扩大到上院、下院、外院各班，全院学生再次推选代表面见这位蛮横无理的总办，要求收回成命，汪凤藻竟然将全校学生全部开除，并对教师的缓冲请求也一概不理。于是形成了南洋公学的大学潮，全校学生忍无可忍，全体集合在操场上，并在各班教师带领下，迈着整齐的步伐，高呼着"祖国万岁"的口号，激昂地走出了南洋公学的校门。由于教育界恶霸汪凤藻等人的专横霸道，使一座宏伟的高等学府——南洋公学解散。

（三）"内史第"成为黄炎培立志唤醒民众的实验基地

南洋公学解散时，总教习蔡元培给特班学生讲话，他说："汪总办不让我们完成学业，我们应该自动地组织起来，扩大容量，添招有志求学的学生来更好地进修，同学中对某一门能当教师的就当教师，愿回乡办教育的也好。"

在蔡元培先生的鼓励下，黄炎培立志回浦东川沙家乡办学。黄炎培的创举得到"内史第"宅院中沈家与黄家人的全力支持，并与川沙有教育救国思想的同仁张志鹤、潘敏斋、陆逸如等一起，将川沙城内唯一的一所"观澜书院"改办为新学制的川沙小学堂。学校开办后，黄炎培自任总理，将小学堂办得十分红火，吸引了不少学子前来求学。

封建社会十分腐败，提倡女子无才便是德，致使妇女没有接受教育的权力。当黄炎培看到邻居宋耀如、倪桂珍夫妇，在教育子女上一律平等，并把自己的女儿们一个个地送往川沙的私塾、上海的女校，甚至美国读书时，就产生了在家乡开创女子教育的想法。黄炎培与堂兄黄洪培、堂嫂陆开群夫妇商量在"内史第"开办女子学校，得到了他们的大力支持。

堂兄黄洪培，是一位有维新思想的知识分子；堂嫂陆开群，是一位有文化修养的开明的爱国女性，爱好诗词和音乐。堂嫂专门腾出自家的一间生活用房作为女校的教室，为了感谢她的支持，黄炎培将学校以堂嫂的名字命名。1903年底，开群女学正式开学，由此开创了浦东川沙女学之先河。

黄炎培在浦东川沙，以"内史第"为唤醒民众、倡导教育的实验基地与精神源泉开始了他终生不渝的教育事业。黄炎培的一生，深受蔡元培先生的影响，他曾归结为两句话："最初启示爱国者，吾师；其后提挈革命者，吾师。"

在蔡元培先生的影响下，黄炎培在"内史第"与川沙小学堂内，定期开办公开演讲会，演讲帝国主义列强侵略中国的种种罪行；揭露帝国主义列强瓜分中国的狼子野心；控诉清朝政府的腐败无能与卖国求荣；告诫人民赶快觉醒，为国家的前途与人民的利益团结起来。黄炎培的演讲绘声绘色，由此，他迅速在浦东地区出了名，浦东附近的乡镇纷纷前来邀请。

1903年6月的一天，黄炎培和两位好友张伯初、顾冰应邀参加一次演讲。他们的演讲慷慨激昂，令热血沸腾的青年不再彷徨，坚定了信念，但却令当地的乡绅大为惊慌，似天崩地裂。乡绅们认为这是对他们多年来未曾动摇的凛凛乡威的严重挑衅，几个痞绅日夜担心这摇摇欲坠的封建大厦真有一天会倒下来。于是在恐慌与恼怒之下，连夜奔向县衙，密告南汇知县戴运寅。

戴知县听了这些乡绅的话，想起了这几天上海的"苏报案"

与清政府正在通缉的革命党人，心里暗喜：这真是天赐良机，我要把这班乱党全部拿下，再送到朝廷，慈禧皇太后一定会论功行赏。

第二天，黄炎培三人连同一名听众被捉拿归案，送进了南汇县的大牢，窗外加钉了木栅，严禁外人探访。

新场演说会的组织者极度惶急，生怕黄炎培等人在大牢内遭到不测，为营救他们进行秘密商议，最后决定去请新场基督教的中国牧师陆子庄出面。

陆牧师知道曾任川沙基督教牧师的宋耀如与黄炎培是邻居，同住在川沙城"内史第"沈家大院内，故前往川沙请宋耀如一同出面帮助营救黄炎培等几位青年人。此时黄炎培的好友，被称为

新场四青年

"毁家兴学"的上海营造业老板杨斯盛知道后，也一起赶往上海向美国基督教总牧师步惠廉求助。

步惠廉总牧师是宋耀如的恩人，与陆子庄也有一定的交情。但是，步惠廉知道，单靠他们几个人与上海基督教的力量恐难以使这四位青年脱险。于是，他立即带领陆子庄、宋耀如、杨斯盛一同前往美国律师佑尼干的住处，向这个精通世故又熟悉中国官场关系的人求救。

佑尼干在江苏和上海两地的上层社会有较大影响，而且与朝廷中的官员来往密切，凭借着美国在上海的势力，江苏与上海两地的官府都惧怕他。在他的帮助下，虽几经周旋，黄炎培等四人仍得以获救释放。但就在黄炎培等离开半个多时辰后，一纸"就地正法"的急电命令送达，戴知县追悔莫及。

这半个时辰对黄炎培来说，实在是惊心动魄。而此时佑尼干、步惠廉得到消息，清政府已下令要将黄炎培等四人缉拿归案。形势紧急，他们再留在国内随时都有生命危险，只得尽快离开上海。在杨斯盛的资助下，黄炎培离开了家乡川沙，离开了"内史第"宅院，离开了妻子王纠思与刚满周岁的大儿子黄方刚，东渡日本避难。除一人逃往外地之外，黄炎培一行三人连夜登上了"西伯利亚"号船。

当轮船从上海吴淞口驶向茫茫大海时，黄炎培走出船舱，立于船头，遥望着将要远离的国土与故乡，只见大海那头的祖国大地在浓浓夜色的笼罩下，连夕阳的余晖也被这黑暗吞噬了。渐渐的，这莽莽苍苍的神州大地消失在地平线上。黄炎培两眼迷茫，这是社会的残酷，还是个人的悲哀呢？

这不堪回首的一幕，直至黄炎培晚年，回忆里依然饱含沧桑：我生最难堪，要算此时此景。

1903 年 8 月 2 日，黄炎培的二儿子黄竞武在"内史第"出生，他作为父亲却没能守候在妻子身边迎接儿子的降生。只能背井离乡避难日本，在遥远的他乡寄托着对亲人的思念。

（四）"内史第"奠定的思想基础使黄炎培立志于教育救国

1904 年初，黄炎培从日本回国后，受杨斯盛先生的委托在上海浦西创办学校。可他仍然居住在川沙"内史第"，因而经常来往于上海浦西与浦东之间。在此期间，他多次与蔡元培先生相见，请教与探讨开办新学之方法。蔡元培先生十分喜欢黄炎培这位学生，于是提出介绍他加入孙中山先生领导的中国革命同盟会。面对恩师的介绍，黄炎培立即表示："刀下余生，只求于国有益，一切唯师命。"

入会的那天夜晚，蔡元培先生正襟而坐，黄炎培立于桌旁，庄严地举手宣誓：

驱除鞑虏，恢复中华，建立民国，平均地权。

从此，黄炎培成为孙中山先生领导下的中国同盟会的一员，也成为一名真正的中国革命党人。

1906年秋，蔡元培先生准备去德国留学，黄炎培就接替蔡元培先生任中国革命同盟会上海干事。上海同盟会在黄炎培等人的领导下开展了一系列的革命活动。由此，黄炎培不仅成为上海浦东地区新学和女学的开拓者，川沙地区新学教育的奠基人，而且也成为上海地区孙中山民主主义革命思想的早期传播者。

黄炎培为了达到教育救国之目的，全身心地投入到革命活动中去，成为孙中山革命思想的坚定追随者。

为了支持辛亥革命，上海的赵竹君约黄炎培进行策划，并和陈其美以及同乡李平书、叶惠钧等人发动上海的军民和商团起义，经周密策划，上海起义于1911年9月14日取得了成功。起义胜利后，陈其美被推选为沪军都督，李平书被推选为上海民政总长（相当于市长）。

在沪、苏、常、镇、太五地联合举行的会议上，大家一致推选黄炎培为首席代表，去苏州劝说江苏巡抚程德全起义。黄炎培不负众望，劝说程德全获得成功，江苏宣布独立。程德全出任江苏省督军，并再三挽留黄炎培任江苏省都督府总务科长兼教育科长，后为教育司长、临时省议会成员。

辛亥革命的成功，标志着一个王朝的覆灭。

1912 年 1 月 1 日，孙中山先生在南京宣誓就任中华民国第一位临时大总统。孙中山宣誓：

> 倾覆满洲专制政府，巩固中华民国，图谋民生幸福，此国民之公意，文实遵之，以忠于国，为众服务。至专制政府既倒，国内无变乱，民国卓立于世界，为列邦公认，斯时文当解临时大总统之职，谨以此誓于国民。

辛亥革命的暂时胜利，使黄炎培这位在孙中山领导下的同盟会会员感到极度兴奋。但他并没有沉浸在共和时代的"为己运动，为人运动"的社会风气里，而是认为：吾人宜十分信仰教育为救国唯一方法。并认为民国成立，唤醒民众、挽救民族危亡的任务已经完成，今后的任务在于培育建国人才了。

黄炎培力图在江苏省教育司长的任上有所作为：通过行政力量清除科举影响，达到发展教育、增设学校、培养人才的目标。他制订了《江苏省五年教育行政计划》，积极地发展地方教育，为中华民国培养人才，并大刀阔斧地创建、改建、扩建了二十四所省立高等、中等学校，创办了大量的县立小学。特别是黄炎培经过多方努力，得到了省督府的支持，把江苏省每年由全省竹林、屠宰、牙行等几种省税充当的教育经费二百四十万元从内政厅划出，专门成立了江苏省教育经费管理处征收管理，专用于教育事业，使江苏省的教育经费得到有效保障。在黄炎培的主持下，江苏省的教育事业蓬勃发展。

随着辛亥革命的失败，以及袁世凯复辟帝制步伐的加快，黄炎培逐渐清醒地认识到，革命的不彻底带来的后果不仅是革命的失败，革命取得的成果也会因此遭到严重破坏。黄炎培知道他在江苏省进行的教育改革实践都无法继续下去，便愤而辞去江苏省教育司长的职务。虽然后来北洋政府两次任命黄炎培为教育总长，妄图拉拢他，但他始终不愿与出卖辛亥革命成果的北洋政府同流合污。

虽然孙中山领导的辛亥革命由于革命的不彻底性而宣告失败，但是黄炎培为国为民的崇高志向并没有因此而改变。特别是他作为一个社会活动家与教育家，始终没有放弃对教育救国之路的探索。黄炎培辞职后，准备到全国各地进行教育考察，并从中"考察彻底解决中国教育弊端，寻找教育救国之路的良方"。

黄炎培不仅十分注重对中国教育的考察与研究，而且阅读了大量的西方教育著作，借鉴国外教育的先进经验，探索改革中国旧教育之路。罗马塞内加"青年之于学校，为生活而学，非为学校而学"的理论，近世博爱派教育家白善独、康丕、柴之孟的学说，都引起了黄炎培的浓厚兴趣。特别是斐斯泰洛齐的主张，"务使学校教育与实际的生活渐相接近，准此而教育方法一变"。黄炎培深信：今观吾国教育界之现象，虽谓此主义为唯一之对病良药可也。

为悉心研究国内教育，改变中国教育之现状，寻找教育救国之路，1913 年，黄炎培从浦东川沙"内史第"搬到浦西黄家阙大吉路。在上海市区居住下来后，黄炎培制定了详密的考察计划。他的计划得到《申报》总经理史量才的大力支持，并商定将黄炎培的考察日记发表在《申报》上。商务印书馆也来相助，希望把有关教育方面的随笔刊登于《教育杂志》上。在当时，《申报》与《教育杂志》是在上海乃至全国都有深远影响的刊物，拥有广泛的读者群。

1914～1917 年三年间，黄炎培就中国民众的教育问题，进行了大量的调查研究和多方面的理论探索。每到一处，访问、晤谈、演说、投赠、摄影、绘图……虽较为艰辛，但经过调查社会现状，基本达到了考察教育之目的。

黄炎培不仅走遍了江苏全省，而且还三次考察了安徽、浙江、江西、山东、天津、北京等地。

经过考察后，黄炎培说："吾辈业教育，教育此国民，譬之治病，外国考察，读方书也；国内考察，寻病源也。方书诚不可不读，而病所由来，其现象不一，执古方治今病，执彼方治此病，病曷能已。""教育者，将俾其人克自适于所处之社会，以遂其生存者也。故离社会无教育，欲定所施为何种之教育，必察所处为何种之社会。"又说："吾曾言之矣，离社会无教育，考教育者，凡夫一切现象苟足以表示其一社会之特性、习惯、能力，而堪供教育参考者，皆在所宜考，赴美考察犹此志也。"[①]

黄炎培在考察中国的教育现实之后，迫切希望能亲身去教育先进国家及邻邦考察新教育，进行对比研究。正当黄炎培在筹划出国考察之时，一个好机会来了。

1915年4月，中国组织游美实业团，赴美国考察巴拿马太平洋万国博览会，特请在实业界与教育界都颇具影响力的黄炎培参加。在历时三个月的考察中，黄炎培访问了美国二十五座城市的五十二所学校，与教育界、实业界的人士进行了广泛的接触与交往。

值得一提的是，在纽约市郊外的一个专门从事发明实验的电机厂里，举世闻名的大发明家爱迪生会见了黄炎培。这次会面，也成为中美教育、科学界人士友好交流的一个里程碑。爱迪生先生非常热情地接待了黄炎培，向他介绍新的科学发明，黄炎培则向爱迪生先生致以他个人以及中国人民对他的敬意。

黄炎培这次随中国旅美实业团到美国考察的另一个目的，就是从中探寻中国的富国强民之路。这次他能与爱迪生见面，并就人类的文明与进步进行探讨，将有助于探寻中国的职业教育之路，以及中国的经济发展之路。

---

① 黄炎培：《黄炎培考察教育日记》第一集，商务印书馆，1914年，第1页。

黄炎培认为，日本与中国一衣带水之隔，民风相同，习惯相近，日本从落后几十年的封建帝国崛起为资本主义列强之一，必有可借鉴的经验。而菲律宾是美国的殖民地，实行职业教育后，"不十年而改观，市无游民，道无行乞，国多藏富之源，民有乐生之感"。黄炎培认为这两个国家的经验于中国更为切实。为此，从美国考察回来后，黄炎培又准备赴日本和菲律宾等国进行考察。他偕同陈宝泉、郭秉文、蒋维乔等一行六人赴日本、菲律宾做第二次国外教育考察。这次考察共历时九十六天。

　　收集了大量的国内外的考察资料后，再结合中国教育的发展现状，对于中国职业教育道路应该如何走，黄炎培心中已有了较为明确的答案。他说："观其职业教育之成绩，益觉我国教育之亟宜改革。"一幅改革中国教育的蓝图在黄炎培的脑海里十分清晰地呈现出来。由此，也更加坚定了黄炎培倡导中国职业教育的信念。

　　黄炎培充分认识到：

　　　　社会生产力的发展，经济的发展，必定要求教育与它同步发展，并为它服务。近代的职业教育是伴随着近代大工业的产生，而在西方各国首先发展起来的。它的兴起反映了大规模机器生产对劳动力在质量上、数量上的新需求。所以，职业教育最初在英国兴起，继而盛行于德国、法国，十九世

中华职业教育社成立

纪末与二十世纪初，美国、日本、菲律宾等国的职业教育也有了很大的发展。

他大声疾呼："提倡爱国之根本在职业教育！"从此，黄炎培在上海把职业教育的旗帜高高举了起来，并逐步向全国推广。

为了加快中国职业教育的步伐，1917年5月6日，黄炎培联合教育界、实业界的知名人士蔡元培、马相伯、张元济、伍廷芳、宋汉章、严修、聂云台、穆藕初、蒋梦麟、郭秉文等四十八人，在上海成立中华职业教育社，并正式发表成立《宣言》。《宣言》缕述当时中国教育之最大危机在于毕业即失业，就业者所学亦不能适用，提出了中华职业教育社的宗旨在于：

一、谋个性之发展；

二、为个人谋生之准备；

三、为个人服务社会之准备；

四、为国家及世界增进生产力之准备。

中华职业教育社成为中国近代教育史上第一个以研究、提倡、试验、推行职业教育为职志的全国性机构，黄炎培被大家推选为办事处主任。

不久，中华职业教育社又提出了"使无业者有业，使有业者乐业"的终极目标。确立了基本信念与终极目标后，黄炎培等人又提出了一系列的改革教育的主张。

中华职业教育社创立伊始，黄炎培就规定了职业教育为发展生产力服务。他说："独念今世界为何等世久，人绝尘而奔，我蛇行而伏。试观美利坚一国，发明新器物，年至四万种；爱迪生一人，发明新器物，多至九百种。我未有一焉。谁为为之……教育不与职业沟通，何怪百业之不进步。"

1918 年 1 月，黄炎培特约学生与好友陶行知在《教育与职业》上发表文章，提出"职业以生利为作用，故职业教育应以生利为主义"。并强调："故凡生利之人，皆谓之职业界中人；不能生利之人，皆不得谓之职业界中人；凡养成生利人物之教育，皆得谓之职业教育；凡不能养成生利人物之教育，皆不得谓之职业教育。"

中国职业教育的开创，一方面得到多方面的大力支持和高度重视，另一方面也遭到封建顽固势力的辱骂和攻击。那些信奉"学而优则仕"的封建主义的文人以及他们的"善男信女"，把中华职业教育社倡导谋生的职业教育视为可耻的下等人教育，称职业教育为"作孽教育"、"吃饭教育"。

面对封建顽固势力的攻击，黄炎培与同仁们毫不畏惧、勇往直前，高高举起职业教育的旗帜，得到了社会各界，特别是劳工界人士的大力支持。终于，中华职业教育事业在反对者的辱骂声中，经过黄炎培与同仁们的艰苦奋斗，破土而出，闯出了一条适应当时中国教育的新路子。黄炎培和中华职业教育的同仁们脚踏实地奋斗，使中华职业教育社与所办的职业学校都取得了空前的成功，得到社会各界的极大好评。

20世纪20年代初，黄炎培不仅是一位颇有成就的教育家，也是一位为国为民、有一定威望的社会活动家。这一时期正是黄炎培大职业教育思想酝酿之初，他曾感慨地说："我们也算尽心力而为之了，可是，我们所希望的，百分之七八十没有达到。"又说："以我八九年的经验，很想武断地提出三句话，就是：（一）只从职业学校做工夫，不能发达职业教育；（二）只从教育界做工夫，不能发达职业教育；（三）只从农、工、职业界做工夫，不能发达职业教育。"① 黄炎培对自己开创的中国职业教育事业提出了更高的目标。

黄炎培从"欧战终了，国际贸易失败而实业骤落；历年政治纷争，军阀战争不绝"中隐约认识到，以职业教育解决中国社会最重要、最困难的生计问题是走不通的。因此，黄炎培号召职业学校的学生："要明白摆在面前的大问题就是国家民族生死存亡的问题，很明显地现在只有两条路，一条是生存，一条是死亡。过去我们只要个人努力就可以生存，今后要大家一起努力，集中大家的力量，才能抵抗敌人的压迫，取得生存。"黄炎培在教育实践活动中，赋予了职业教育以救亡图存的新意义。并从狭隘的以职业教育论职业教育的小圈子里走出来，也开始从"教育救国"中清醒过来，认识到"专守教育岗位，不足以救国"。

为此，黄炎培开始更广泛地接触社会各界，争取得到全社会的支持，并开始与共产党人进行接触。

1920 年 3 月 29 日，黄炎培请陈独秀到中华职业教育社做演讲。并特地北上拜访李大钊，就国内的问题和国际大局等与李大钊交换了意见。

---

① 黄炎培：《提出大职业教育主义征求同志意见》，《教育与职业》1926 年第 1 期。

虽然黄炎培在民主革命时期没有接受马克思主义学说，但是他不失为马克思主义的真正理解者。他曾认真阅读过《马克思传》、《共产党宣言》和《列宁传》等，还与蔡元培、江恒源、叶恭绰等一百余名学者发起了"马克思逝世五十周年纪念"活动。

尽管黄炎培于 1913 年离开了浦东川沙，离开了对他一生产生重大影响的"内史第"，但他的心从来没有离开过，始终为家乡的发展出谋献策，为实现孙中山先生的"东方大港"构想而进行教育与实业方面的实践。黄炎培在浦东开展教育实践，进行农村改革，兴办铁路运输，创办工商实业，还为家乡文化事业的发展和《川沙县志》的编撰呕心沥血、不遗余力。

（五）"内史第"确立了黄炎培爱国主义的崇高理想

黄炎培外祖父孟荫余十分重视对少年黄炎培的爱国启蒙教育。孟荫余是浦东地区很有名望的文化人，知识渊博，文化素养极高。孟荫余小时候，父亲被清政府勒索巨款，无力交纳被迫投河自尽。所以孟荫余牢记着父亲自尽时的惨状以及父亲"孟家子孙不当清朝官"的遗嘱，发誓一生拒不参加科举考试。

孟荫余在川沙县城东门外太平村的宅中办起了名为"东野草堂"的私塾，当上了塾师，并在教书之余栽桑、养蚕、种花。

孟荫余十分喜欢这位活泼聪颖、智力过人的小外孙黄炎培。从小受到母亲良好启蒙教育的黄炎培，也特别喜欢随母亲到外祖父家玩，一到外祖父家，就缠着外祖父讲古时候的故事，孟荫余也从来不会令他失望。

黄炎培刚满九岁，孟荫余就把他收进了"东野草堂"读书。一天，孟荫余见黄炎培目不转睛地看着墙上的几幅泥版画发呆，孟荫余便抱起他一幅一幅地讲解。

以中法战争为背景的这三幅《凉山大捷》泥版画，经过外祖父生动的讲解，深深震撼着黄炎培幼小的心灵，也在他心中播下了爱国主义的种子，并立志长大后要像抗击外来侵略的爱国将军冯子材那样做一个为国为民、精忠报国的人。

川沙"内史第"的人文熏陶为黄炎培打下了爱国主义教育的基础。因而在中华民族危机日益严重之时，黄炎培十分清楚地觉察到日本帝国主义企图独霸中国的狼子野心。

1931年4月，黄炎培在日本考察期间，发现日本国内大办青年团，在乡军人十分活跃，而且侵华计划也已经制订：封锁中国海岸，攻占徐州，截断津浦路；再侵占郑州，截断平汉路。取我资源，做其军事……黄炎培已在无心在日本继续考察，于4月23日回国。

回国后，黄炎培立即面呈蒋介石与国民党政府，希望对日本侵华的野心予以重视，谁知蒋介石与其官员不仅不予理睬，反而讽刺黄炎培对他们的忠告。国民政府外交部长王正廷大笑着对黄炎培说："如果黄任之知道日本要打我，日本还不会打我哩！如果日本真要打我，黄任之是不会知道的。"

黄炎培听后十分气愤地说："但愿我言而不中！"

仅时隔四个月，日本就发动了"九·一八"事变侵占中国东北三省。"九·一八"事变发生后，蒋介石与国民党政府不仅不反思自己的错误，反而走投降主义路线，采取不抵抗政策，并积极制造中国的内战，宣扬"攘外必先安内"的反动政策。

这时，国难的幽灵已经在中国东北的上空徘徊。此时此刻，黄炎培十分关心时局的变化。为此，黄炎培接连写了许多文章呼吁人民起来抗日。

黄炎培先后撰写了《朝鲜》、《黄海环游记》两书，并由上海商务印书馆和生活书店相继出版。黄炎培在书中大声疾呼："朝鲜，诚我之宝镜也！"用朝鲜人民亡国奴的痛苦情景来唤醒中国人民。

"九·一八"事变发生后，中国共产党即于9月20日发表了《中国共产党为日本帝国主义强暴占领东三省事件宣言》。宣言谴责日本帝国主义侵略的罪行，揭露国民党政府的不抵抗政策，号召全国劳苦民众动员起来。指出只有群众斗争的力量，只有工农苏维埃运动的胜利，才能解放中国，只有广大群众的铁拳，才能制止帝国主义的暴徒，驱逐帝国主义滚出中国。

在中华民族面临空前危机的关键时刻，国民党蒋介石仍然奉行妥协投降的"不抵抗主义"政策。他在《告全国军民书》中说，东北事件已经"诉诸国联行政院，以待公理之解决，故希望全国军队对日军避免冲突；对于国民亦一致告诫，务必维持严肃镇静之态度"。

1932 年 1 月 18 日，日本帝国主义发动了对上海的侵略，随后爆发了"一·二八"淞沪抗战。当时驻扎在上海的国民党政府第十九路军将士，在全国人民抗日热情的推动下，基于民族义愤，不理睬蒋介石限制他们抵抗的命令，在军长蔡廷锴的指挥下，奋起抗击入侵的敌人。

当时日本侵略者的气焰十分嚣张，狂称"四个小时占领上海"，"三个月占领支那全土"。连外国的观察家也认为，中国守军是支持不了三天的。而上海守军十九路军与第五军的全体将士，在全国人民的支援下，重创日寇，日军死伤惨重，三易主帅也没能挽救其失败的命运。

"一·二八"淞沪抗战爆发后，黄炎培始终与上海人民同呼吸，共命运，忘我地支持十九路军。亲临淞沪抗日前线慰问，还同国民党第五军军长张治中将军商谈上海抗战之策略。

同张治中将军谈话时，张将军递给黄炎培一份经过火烤、染上血迹的纸片，黄炎培接过一看竟是张将军部下一位营长所写的绝命诗：

为自由，争生存，沪上麾兵抗强权。踏尽河边草，洒遍英雄泪，又何必气短情长？宁碎头颅，还我河山！

黄炎培一字一顿读完了这首抗日将士用生命和鲜血凝成的诗篇。仰天长叹："此系中华之魂！"

　　黄炎培被抗日将士浴血奋战、不怕牺牲的大无畏的革命英勇气概所感动，当即挥笔写下了七律二首：

（一）

怒角惊回歇浦潮，虫沙小劫一军骄。

早知轻敌攻坚失，定悔行师袭远劳。

壮志更成秦博浪，威名终属汉嫖姚。

男儿报国轻生死，歌哭壶浆付大招。

（二）

由来神勇仗精诚，到处天阴杀贼声。

贤圣百年皆有死，英雄千古半无名。

谁翻世界和平局，应博春秋义战评。

留取精忠好模范，嘉名十九锡初生。

　　为了组织民众奋起抗日，积极支援淞沪抗战，黄炎培还与史量才等上海社会各界的上层代表人物一起，组织了"上海市民地方维持会"，发动各界征募军需品以补充前线供应，并维持地方秩序和市面金融。他还组织中华职业学校的师生们冒着敌人的枪林弹雨，抢救伤员，运送军火物资。

为此，黄炎培呼吁学生：

> 到如今，内忧外患，重重叠叠，河山已破碎到不堪了。人民求生不能、求死不得，吾中华国族的运命，真所谓"不绝如缕"。吾们还在这里举行中华职业学校十五周年纪念。一提到"中华"两字，惟有痛心……痛心！痛死有什么用处？还是大家起来死里求生地干。吾同学诸君，无论已毕业、未毕业，人人须勉为一个复兴国家的新国民，人格好，体格好，人人有一种专长，为社会、国家效用。

黄炎培还与史量才、宋庆龄、邹韬奋等人一起组织发动了上海市民捐助、制作棉衣运动。在黄炎培等上海爱国人士的发动下，上海人民在五天内赶制了三万多套棉衣，黄炎培派自己的妹夫负责运输，运输队冲破敌机的轰炸，将支援物资送到淞沪抗日前线将士的手中。

黄炎培认为："要是人人如此，中国不但不会灭亡，中国将永远存在，永远光荣！"

随着上海淞沪抗战的激烈进行，大量的十九路军伤员不断地从抗战前线转移下来，为了积极救治抗日前线的伤员，黄炎培与邹韬奋等上海的抗日爱国人士纷纷行动起来。

黄炎培深受上海社会各界的信任，被推选为上海市抗敌后援

中华职业教育社支持抗日

会主席。他首先发动了平日所联系的工商界力量，投入抗日救亡工作。随后，他和中华职业教育社的同仁们夜以继日地致力于组织民众支援前线：筹设难民所，收容和安置战区难民；积极组织医疗队和创建"一·二八"伤兵医院，收容受伤的抗日将士；组织青年战地服务团，为抗日军队服务。

为了反对国民党当局对日本帝国主义侵略采取的不抵抗政策，黄炎培多次在通电上列名诘问国民党政府为何不增援，要求国民党政府誓死不为城下之盟："如有损害领土主权，及妨碍行政完整之条约，我国民誓不承认。"黄炎培、宋庆龄、邹韬奋等人的抗日爱国行动，大大激发了上海人民的抗日斗志，并且有力地支援了十九路军及其他抗日军队进行淞沪抗战。

轰轰烈烈的上海"一·二八"淞沪抗战，在上海人民和全国人民的大力支持下，上海驻军的英勇奋战取得了阶段性的胜利。可是，国民党政府拒不增援，终使十九路军寡不敌众，被迫全线撤退。但是上海"一·二八"淞沪抗战的爱国行动，使黄炎培看到了中国人民的力量和中国抗战胜利的希望。

1933 年 1 月，日寇占领山海关和九龙口，华北危在旦夕。为了支持中国人民的抗日战争，反对蒋介石顽固坚持"攘外必先安内"的反动政策，黄炎培再度北上平津，与当地权要人物和各界领袖会商。平津各界人士都感到华北形势十分紧张，热河尤为危急。可是当时前线军事指挥不统一，后方接济又缺乏组织，地方财政还相当困难。黄炎培心急如焚，匆匆赶回南京，找到宋子文等国民党大员，力证安定华北援助热河的紧要性与重要性，继而又拉宋子文一起北上，到北京组织了东北热河后援会，并发动天津银行界每月捐献三万元以解决财政困难。随后，黄炎培与宋子文、张学良等一起视察防务，并在承德写下了"朝阳鼓鼙声声急，盼断登坛大将旌"的诗句，表达他迫切希望有人出来领导抗战的心情。

黄炎培万万没有料到的是，仅一个多月以后，国民党数万军队犹如惊弓之鸟，未见敌人踪影便望风而逃，竟让一支只有 128 人的日寇小分队一枪不发就占领了热河首府承德。

为了支援绥远抗日前线傅作义将军和三十五军的全体将士，黄炎培受上海市地方协会、上海市商会和上海市人民的委托，亲自率团前往绥远前线慰问。在绥远前线，黄炎培向傅作义将军转达了上海人民的崇高敬意，并向三十五军和其他前线抗日将士致以亲切的慰问。

忧国忧民的黄炎培，为了支援抗日到处发表演说，提出了"团结、生产、国防"的口号。他说：

　　有关团结方面，每个人把自己的力量完全贡献给国家与民族，是最需要、最迫切的工作。有关生产方面，丧失土地是急性出血，外贸入超、白银外流是慢性出血，阻止慢性出血的办法是增加生产，由政府采取措施，挽救面临危境的民族工商业，动员民众使用国货、抵制日货。有关国防方面，坚决反对与日本讲和；日本侵华野心没有止境，大家一致努力，中国是有希望、有生命的。

正值抗日救国运动在全国蓬蓬勃勃地开展之际。国民党反动派竟于 1936 年 11 月 22 日深夜，在上海非法逮捕了救国会沈钧儒、章乃器、邹韬奋、李公朴、沙千里、王造时、史良七人。

"七君子"事件，震惊中外。蒋介石的流氓手段，激起国人公愤。"七君子"事件发生时，黄炎培正在绥远前线慰问抗日军士，当他得知沈钧儒等七人被国民党政府逮捕，关押在苏州高等法院看守所时，他对蒋介石国民党政府在中华民族的危急关头的所作所为感到痛心疾首。

绥远慰问一结束，黄炎培便马不停蹄地从绥远抗日前线赶往苏州监狱探望。为了表示他坚决支持救国会"七君子"的抗日救国行动，黄炎培还与老友沈钧儒和忘年之交邹韬奋等七人在狱中合影留念，并题诗一首：

> 锁铜烟尘白日昏，
>
> 端阳风雨叩圄门。
>
> 长城万里梅千树，
>
> 随意挥毫见国魂。

强烈谴责蒋介石国民党政府的罪恶行径。回到上海后，黄炎培立即四处奔走，呼吁社会各界营救沈钧儒、邹韬奋等抗日救国会的七位领导人。

在 1939 年 9 月举行的国民参政会第四次大会上，中国共产党和各民主党派一下子提出了七个"请政府结束党治，实行宪政"的提案，其中一个提案便是黄炎培先生领导的中华职业教育社提出的。这些提案在国民参政会上引起了激烈的争辩，时任国民参政员的邹韬奋把这些提案称为"晴天霹雳的宪政运动"。

黄炎培看望七君子

有关当时的争辩情况，黄炎培在日记中这样写道"其间争辩甚烈，屡濒破裂"。邹韬奋记道："讨论从晚上七点开始，你起我立，火拼的舌战，没有一分一秒停止，有人大呼，一党专政不取消，一切都是空谈。当时空气紧张到一百二十五分。唇枪舌剑，各显身手，刀光闪烁，电掣雷鸣。一直开到半夜三点多。那激烈的情况，虽不敢说是绝后，恐怕总可算空前的。"

因黄炎培是参政会"内政提案审查组"主席，所以他竭尽周旋调和之能事，通过了所谓"治本"和"治标"的两个办法。在参政会的闭幕大会上，蒋介石装模作样地指派黄炎培、张澜、董必武、张君劢、章士钊、杭立武、史良、陶孟和、李璜、左舜生、罗隆基、傅斯年、钱端升、褚辅成、章伯钧等二十五人为委员组成"宪政期成会",推选黄炎培为主席。一边,黄炎培与宪政期成会的委员们在召开会议,而另一边蒋介石与中国共产党的摩擦却愈演愈烈。国民党掀起了第一个反共高潮,抗日各党派及民主人士深感焦虑。

黄炎培从中华民族抗日救国的大局出发,极力调解国共摩擦,避免合作彻底破裂。他说:"余以为吾辈调解国共,必须有第三者明确立场和主张。"因此,黄炎培带头发起了由中华职业教育社的江恒源,救国联合会的沈钧儒、邹韬奋、章乃器,国家社会党的罗文干、罗隆基,青年党的曾琦、李璜,第三党的章伯钧、丘哲,乡村建设派的梁漱溟以及无党派人士张澜等人组成的统一建国同志会。

国民参政会通过统一建国同志会提出组织特种委员会的议案,黄炎培为十一位委员之一。然而特委会成立后,由于国民党政府不予以支持,并阳奉阴违继续制造国共摩擦,结果一事无成,不了了之。

为了中华民族的根本利益,黄炎培进行了一系列重要的社会活动。在当时产生了很大的影响,并为民主斗争运动和抗日爱国运动的发展与壮大作出贡献。

黄炎培等人的主张与所付出的努力,得到中国共产党的高度赞扬。但是黄炎培仍然对国民党抱有幻想，对此，共产党加强了对黄炎培的统战工作。周恩来曾多次约见黄炎培，并与他进行长时间的深谈。周恩来认为，抗战时期，中国共产党对蒋介石领导的国民党的总方针是又联合又斗争。由于蒋介石在各段时间里对抗日及中共的态度、政策是有变化的，形势是发展的，所以中国共产党的政策应当随之相应地有所侧重而不要定型化。他说："抗战前一段时间里，我们的政策重心在争取他抗战，故强调其可变性与革命性，而只注意其动摇性与被动性就够了。抗战初期，我们的政策重心在争取他长期抗战、全面抗战，故强调持久战，强调团结、进步，反对投降、分裂、倒退，于是就要深刻地认识他的妥协性与两面性。"

周恩来精辟的论述和进一步阐明的中国共产党的基本政策。使黄炎培深受启发。黄炎培也从国民党迫害抗日志士与顽固坚持"攘外必先安内"的反革命政策中看清了国民党的真正面目。在当时的情况下，黄炎培与他领导的组织的政治主张和观点是完全倾向于中国共产党的。

黄炎培虽然对国民党的反革命行为十分痛恨，可是他为了防止国共内战的加剧，从全国人民一致抗日的大局出发，从中华民族的根本利益出发，经再三考虑向中国共产党提出了两点建议：一、在与国民党利害不冲突，人民的同情不减损下求成长；二、以所有实力尽量容纳友党，以所有实力为国家民族表现切实伟大的贡献。

中国民主政团同盟于 1941 年 3 月 19 日正式在重庆成立。会议讨论通过了民盟的宣言、政纲和对时局的主张。黄炎培和左舜生、梁漱溟、张君劢、章伯钧五人当选为常务委员，黄炎培被会议推选为常务委员会主席。

民盟成立后即作出了两项决定，一是在香港创办《光明报》，二是在沦陷区成立民盟支部。

黄炎培还对民盟提了四点意见：

一、对政府，取协助之义，其有所见，为善良之劝告；

二、对内，各个的求充实，整修的求团结；

三、对各友团维持友好，视情态之可能，得就某事与之合作；

四、在不背第一点之下，设法与国人及国际间相见，感知吾人对国事之苦心与努力。

民盟成立后，蒋介石暴跳如雷，他怒骂黄炎培等人"目无党国"，并严厉地斥责张群无能，未能加以阻止。喊叫"我们不能让这样一个国民党、共产党两党以外自命为仲裁的政团成立"，并下令封锁民盟成立的消息。

民盟提出的坚决抗日、加强团结、结束党治、实行宪制、实践民主、自由等政治主张，符合中国的实际需要，也与中国共产

黄炎培赴延安考察

党的一些主张逐渐相接近，顺应中国人民抗日战争的历史潮流。

中国共产党人及时抓住了这个时机，加强了对民盟的统战工作，使民盟在实际斗争中成为中国共产党的同盟军。中共领导人周恩来、董必武以及邓颖超等人还同民盟建立了广泛的联系，积极引导民盟为壮大抗日力量、争取抗日战争胜利多作贡献。

中国抗战胜利时，黄炎培曾作为中国第三方面政治力量的代表于 1945 年 7 月访问延安，受到中国共产党主席毛泽东的热情接待，在延安与毛主席的一段"窑洞对"可与三国时的"隆中对"媲美。

1949 年 6 月，黄炎培在北京参加全国政协筹备会议后，受党中央委派任上海市人民政府顾问。到上海后，他立即全身心投入工作之中，为上海恢复正常社会秩序出谋献策，做上海工商界人士与社会名流的工作，让他们接受中国共产党的领导，支持上海人民政府的工作。

在此期间，上海市人民政府特意安排黄炎培回川沙为在上海解放前 12 天牺牲的、中国民主同盟会中央组织委员会委员、民主建国会上海总干事、次子黄竞武烈士落葬。葬礼后，他在川沙县领导和三子黄万里的陪同下来到了川沙南市街，黄炎培望着"内史第"陷入了沉思，回忆自己在"内史第"成长的情景，又指着"内史第"的沿街房说"这就是了不起的宋庆龄出生的地方"，并

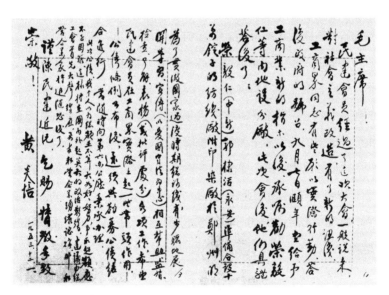

黄炎培写给毛主席的信

对前来迎接他的沈家人说，"内史第"房屋大，要献给人民政府来安排，让它为人民所用。沈家人遵照黄炎培的要求，将大部分房屋上交给川沙县人民政府使用，自己只留下第一进的三间房屋。

黄炎培被任命为政务院副总理兼轻工业部部长后，政务和社会工作十分繁忙，而黄炎培仍十分关心上海和浦东的情况。1950年2月，上海遭美蒋轰炸，导致电力供应发生困难，影响工业生产，再加上资金、原料、销路等已有困难，不少企业减产、停产。黄炎培写信给上海市市长陈毅了解情况，以便研究对策。8月，上海近郊川沙、南汇、奉贤遭受水旱灾害，20万农民受灾，粮食歉收，但有关部门征粮未减，致使部分农民生产、生活都发生困难，黄炎培也及时向毛主席反映。

四、"内史第"走出的众多杰出黄家子女

（一）中国近代著名哲学家黄方刚

黄方刚，黄炎培长子，1901出生于川沙城"内史第"第三进院落东正房的后楼内。黄方刚出生时，黄炎培的经济状况并不好，一个穷秀才只能靠教书来养活自己的妻子与儿子。好在黄炎培妻子王纠思家境较好，并有姑夫沈毓庆给予帮助，日子过得还算殷实。黄方刚出生后，因父亲经常在外奔波，他一直在母亲的呵护与照料下生活，并受到"内史第"文化与川沙人文环境的熏陶。

黄家子女合影

　　黄方刚 1915 年进入清华学堂学习，毕业后于 1924 年进入美国卡尔登大学学习，并获文科学士学位。1927 年又进入哈佛大学攻读哲学博士学位。归国后，先在马君武创办的广西大学任英文教师，工作之余钻研哲学，撰写哲学论文。后又赴东北大学（当时张学良任校长）任文学院院长。"九·一八"事变之后，先后在北京大学、四川大学、金陵大学任教。1938 年，东北大学（正值抗战时期东北大学迁往四川三台）改文学院为文理学院，他又继任文理学院院长。在任期间，他一边教学，一边宣传抗日，向学生灌输抗日爱国思想。1939 年，到武汉大学（当时在四川乐山）哲学系任教。

著有《苏格拉底》、《道德学》、《〈老子〉年代之考证》、《知行难易解》等论著。

1944 年，黄方刚因染上肺病在乐山去世，年仅 44 岁。

其殁后，中国著名教育家、清华大学工学院创始人顾毓琇写有一首《悼黄方刚》：

> 彭殇修短倘前知，柱下精研枉作师；岂信著书能却病，犹怜好学每忘饥。家贫儿让山中果，世乱妻吟海外诗；呜咽长江怀故友，清明时节雨如丝。

黄炎培得知后，为其题写墓志：

> 方刚，一生清正，抱道有得，言行一致，诚爱待人，取物不苟，著书讲学，到死方休。虽其年不永，亦可以无愧于人，无愧于天地。

因正值抗战时期，黄方刚去世后没地方安葬，后由一位李姓学生将其安葬在自家田地（今四川省乐山市九峰乡鞍山村山窝）。

（二）杰出的爱国主义、民主主义战士黄竞武

黄竞武，黄炎培次子，1903 年 8 月 2 日出生于川沙城"内史

第"第三进院落东正房的后楼内。他从小生活在"内史第",并受益于"内史第"浓厚的文化氛围。由于父亲黄炎培长期致力于中国的教育事业与革命的进步事业,他受到母亲王纠思的教育更为多些。黄竞武出生时,父亲正因南汇新场演讲而被清政府通缉被迫亡命日本。父亲回来后,又一心扑在上海与家乡浦东的教育事业上,虽然父子经常相见,但是直接受父亲教育的机会很少。

1913 年后,黄炎培全家搬到上海黄家厥路后,他才随父母亲一起离开了对他一生有着重要影响的"内史第"。在父母亲的影响与教育下,他的学习成绩一直在学校名列前茅。

1925 年,黄竞武从清华大学毕业后,就去了美国哈佛大学进修,并获得经济学硕士学位。1929 年回国后,任湖南沅陵盐务稽核所所长,因拒与盐商勾结而被停职。抗战时期,受父亲的影响积极投身抗日救国运动和民主革命运动,并参加由父亲发起组建的中国民主同盟,曾任民盟总部组织委员,兼国外关系委员会委员。

国共和谈时,黄竞武曾任中共代表团团长周恩来的翻译。抗日战争胜利后回到上海,担任中央银行稽核,又加入父亲组建的另一个民主党派组织——中国民主建国会。

1948 年后,黄竞武又任中国民主建国会上海常务干事。作为民盟与民建两个组织的上海领导人,他积极组织开展秘密活动,收集蒋介石"四行两局"的金融情报。11 月,中共上海地下党组

黄竞武烈士

织安排黄竞武撤离上海前往解放区，但他坚持要求留在上海迎接解放。

　　黄竞武对父亲黄炎培说："上海要解放了，不能没有我们的同志，我要留下来，迎接人民解放军进上海城。"

　　后来，他又对父亲说："中央银行叫行员们签名，愿去台湾的给予重赏，愿辞职者发 17 个月的薪金，我一不去台湾，二不辞职，我要留下来干革命。"

　　1949 年 4 月，上海解放前夕，国民党政府盗运中央银行的财物去台湾。为保护这批人民财物，黄炎培组织公众进行罢工抗运。

同时他为了保护民盟、民建组织不遭受破坏而坚持斗争，做了大量的迎接上海解放的工作。之后，又积极配合中国共产党地下组织对国民党汤恩伯部队驻浦东某部进行策反。5 月 12 日，不幸被国民党政府国防部保密局逮捕，在监狱中受尽酷刑，忠贞不屈，严守机密，于 5 月 18 日凌晨被国民党特务秘密活埋。黄竞武牺牲时距上海解放只有八天。

上海市军事管制委员会主任陈毅获悉黄竞武同志不幸牺牲的消息后，即向党中央汇报，中共中央领导周恩来、上海市领导陈毅、潘汉年等都致电黄炎培先生表示慰问。随后，上海市人民政府追认黄竞武为革命烈士。

（三）蜚声中外的水利工程专家黄万里

黄万里，黄炎培三子，1911 年 8 月 20 日出生于"内史第"第三进内宅院落东正房的后楼内。出生后不久，他就随父亲黄炎培与母亲王纠思离开了"内史第"。之后，他经常随父母回川沙，并对"内史第"产生了深厚的兴趣，听母亲讲"内史第"宅院的故事，讲"内史第"居住过的宋氏家族和沈、黄两家的祖辈们的故事。

1924 年，黄万里考入无锡实业学校。后因黄炎培决定让黄万里学桥梁工程，于 1927 年进入唐山交通大学学习，在此期间黄万里曾在杭江铁路做助理工程师。1932 年，他学满五年以优异成绩毕业时，用英文发表了颇有创见的三篇论文，由中国著名桥梁专家茅以升审定作序，由学校出版。1931年长江、汉水泛滥，水淹武汉三镇100天，湖北云梦县一夜间淹死七万人；1933年黄河又决口十几处，人民生命财产损失惨重，这使黄万里受到了极大的震撼。因而黄万里拜访了黄炎培的学生——曾任黄河水利委员会委员长的许心武。许心武对黄万里说"这次大水之后调查全国水利工程师的所长专业，竟皆长于土木工程之设计施工，没有一个懂得水文学的"，"而不通水文学等于未入水利之门，只是能设计施工罢了"。于是，黄万里决定从水文学入门学习水利。他后来对人说："当时唐山交大同学有三人放弃了铁路桥梁工程师之职，出国改学水利，我是其中一人。听说黄河是最难治理的，我便立志学水利治黄河。"黄万里从唐山交通大学毕业后，于1934年考取公费赴美国留学。应该说，黄万里比别的水利专家更具慧眼：他不仅懂得工程，而且懂得水文——他明白一条河流及其流域是一个有生命、有历史、有未来的有机整体。

黄万里赴美留学期间，先后获康乃尔大学硕士、伊利诺大学工程博士学位，还学习了天文、气象、地理、地质、水文、数学等多门学科。黄万里1937年在伊利诺大学发表的博士论文《瞬时流率时程线学说》创造了由暴雨推算洪流的方法，直至19年后才有人提出类似方法。

黄万里驾车四万五千英里，看遍了美国各大水利工程，在田纳西河域治理专区坝上实习了四个月。1936年密西西比河特大洪水之后,该河管理机构邀请黄万里坐船参观整条河流。这些经历,使他眼界大开,认识到水利工程将使河床产生演变。悟性极高的黄万里,明白了以前所学的土木结构理论远不足以解决洪水问题。

抗日战争爆发前夕的 1937 年春,黄万里学成归国,三所高校请他去教书,时任浙江大学校长的竺可桢亲自登门并宴请,邀他去浙大任水利系主任。但黄万里志在治河,便选择了去南京政府经济委员会,当一个水利工程师。抗战爆发,他赴四川水利局道滩委员会,任工程师、测量队长、涪江航道工程处处长等职,曾用四个月时间在长江支流上修建了小水利灌溉工程,仅用了四万元,节约预算六分之五,灌溉农田 1.5 万亩。

黄万里沿着岷江从河口到源头,包括支流大渡河、青衣江等,都进行了实地勘察。晚年他回忆道:"在美国学习时,当时还没有形成地貌学,在回国工作十年后,沿河边步行了三千公里,才自己在头脑里建立了水文地貌的观点,这才开始对治河的问题有了一些认识。"

1947 年,他出任甘肃水利局局长。从此,与黄河结缘。

1949 年,黄万里应中共之邀担任东北水利总局顾问,没多久,他感到无法在水利规划和具体实施上有所作为,便毅然辞去了职务,带全家回唐山交大,开始了后半生的教书生涯。后来院校调整,唐山交大改为唐山铁道学院,与铁道无关的专业都被调整出去。1953 年初,黄万里调到清华大学水利系任教。他生动风趣、深入浅出的授课风格，让学生们过了半个世纪还记忆犹新。

在黄万里的课堂上，大自然就是教科书，自然现象就是问题。他当年的学生、现为中国工程院院士的王三一说：

> 黄先生要我们注意这些自然现象，启发我们思索，在漫长岁月中，沧海桑田，十年河东十年河西，它们是遵循什么规律形成的。当看见两岸的平原时，黄先生兴奋地说，这是大自然的恩施，是江河的功劳，大江大河下游都有冲积平原；是河流把上游的泥沙带到下游淤积成的，两岸还形成了自然堤，小水不淹两岸，大水漫顶分流淤积两岸。这也可以看出，黄先生后来根据地貌长期演变的研究，提出治理黄河必须在黄河三角洲用分流淤灌黄淮海平原的对策，是早有所思的。

看到三门峡决策错误致使黄河灾难日益深重，黄万里的心在滴血，但滴血的心并没有死。他曾为黄河治理提出过很有见地的意见，曾为中国的水利建设提供了丰富的理论依据，填补了中国水利建设领域的空白。

1957 年 5 月，对三门峡工程持反对意见的黄万里，在《新清华》上分两期连载了一篇小说《花丛小语》，批评北京市在马路建设上违反施工常识，造成新建马路到处翻浆，车辆无法通行。小说中的人物议论道："尽说美帝政治腐败，那里要真有这样的事，纳税人民就要起来叫喊，局长总工程师当不成，市长下次竞选就有困难！我国的人民总是最好说话的。你想！沿途到处翻浆，损失有多么大，交通已停了好久，倒霉的总是人民！"

作品还讥讽在三门峡工程论证中，有些专家原本是知道水流必带泥沙的，却仍跟着高唱"黄河清"，并批评了当时盲目学习前苏联的高校教育模式。

这期《新清华》出来后，蒋南翔马上上报给刘少奇，很快便送到毛泽东手里。后来经黄万里的女儿黄肖路回忆是这样的：父亲在《花丛小语》的开头写了一首《贺新郎》，毛泽东先看这首词觉得挺好，后来越看越生气，就说："这是什么话"？"把美国的月亮说得比中国的圆"！后来《人民日报》登"右派"言论的专栏就叫"什么话"，"右派"大毒草第一篇就是拿着《花丛小语》开刀。

6月19日，《人民日报》发表毛泽东《关于正确处理人民内部矛盾的问题》，同天报纸第六版，在毛泽东题写的"什么话"栏目下，刊出了《花丛小语》。此后"右派"反面教材都登在这个"什么话"专栏。《人民日报》随即连续刊登批判黄万里的文章，九月号的《中国水利》杂志出了批黄专号，刊出六篇文章，黄万里一夜之间成了全国知名的"大右派"。

1958年，清华校党委正式向黄万里宣布他被划为"右派"。黄万里回答："伽利略虽被投进监狱，但地球仍在绕着太阳转！"

黄万里的工资从教授二级降至四级，大部分时间在家中赋闲，既不准讲课，也不准发表文章，不能被称作"教授"……一年后，他被送到密云水库劳改，住在干打垒的半地窖里，饥饿难熬。可就是这样，黄万里一直没有忘记三门峡，他做不到冷眼旁观，顶着"右派"的帽子，在业余时间完成《论治理黄河方略》等论文。

　　但黄万里的诗才，给毛泽东留下深刻印象。据黄肖路介绍："李锐在当毛泽东的秘书时，在庐山听他批黄万里。但在三门峡败象已露时，1964年毛泽东在春节座谈会上又夸黄万里的诗词，对黄炎培说'听说你有个儿子在清华大学做教授？他的诗词我看过了，写得很好，我很爱看'。章士钊当时也在座……"

　　毛泽东称赞黄万里的词，表示黄万里写个检查就可以摘掉"右派"帽子。但黄万里没有利用这次机会改善自己处境，却附诗词上书：三门峡问题其实并无高深学问，而是1957年除我之外无其他人敢讲真话。请问："国家养仕多年，这是为什么？"

　　黄万里的"右派"帽子，一戴就是22年。1980年2月26日，黄万里终于得到了右派"改正的决定"，他是清华大学倒数第二个改正的"右派"，最后一个是钱伟长。

　　1995年黄万里接受采访时说："有一次，毛泽东遇见我父亲黄炎培时很不高兴地对他说：你们家里也分左、中、右啊。《花丛小语》里把实行百花齐放政策后的国内形势，描绘成'春寒料峭，雨声凄切'，'静悄悄，微言绝'。这是什么话？"

艰苦卓绝地从渭北高原返回三门峡库区家园的移民，不知道黄万里是谁；2003 年渭河流域被洪水洗劫一空的灾民，不知道黄万里是谁；四川那些拼了命不许夺地修水电站的农民，不知道黄万里是谁。

他们不知道，如果黄万里当初的主张被采纳，他们不会遭受那样的苦难，中国不会遭受那样的苦难——至少，不会遭受那样深重的苦难。

黄肖路转述了一位朋友在 2001 年听到的流传于北京的三句话：

不听马寅初的话，中国多生了几亿人；

不听梁思成的话，中国拆了一座老北京；

不听黄万里的话，中国毁了一条母亲河！

这三个人都与清华有关系。曾昭奋教授也曾提到过"20 世纪 50 年代，三位清华学人在三个不同的学科领域，发出了振聋发聩但却不合时宜的声音"，结果，马校长被罢官，梁主任挨批判，黄教授戴了帽，"三位老人都走了，屈辱与负罪，批判与呵斥，罢官与戴帽，都由他们默默承受，默默带走"。

著名记者戴晴写过黄万里，著名旅美作家郑义写过黄万里，中国旅德学者王维洛写过黄万里……他们的笔触都饱蘸热泪：他的悲剧经历，他的伟大人格，他的睿智远见……正如《中国国家地理》杂志执行总编单之蔷在该刊"走遍世界去问河"专期中说："你在网上敲进'黄万里'三个字，你会发现'黄万里'三个字的含金量。清华水利系尽可以放心了，有了黄万里，清华水利系再也不会耻辱了。"

（四）中华医学会创始人黄路

黄路，黄炎培大女儿，1907 年 10 月 27 日生于川沙"内史第"。她性格文静，喜欢读书，特别是在父亲黄炎培与母亲王纠思的悉心教导下，她未上学就熟读古文。后因父亲黄炎培创办中华职业教育社，工作重心转移到了上海市区，她随父母一起到上海市区生活学习。黄路非常懂事，从小就帮助母亲料理家务，照顾弟妹。

1927 年，黄路中学毕业后考入金陵大学，大学毕业后又进入协和医学院学医，学习了整整八年，毕业后受医学院邀请留校工作，教授英文与中文课程。

婚后，她随丈夫张心一辗转南北教书育人。抗战时，张

黄万里

心一任甘肃省建设厅厅长，黄路又随丈夫到甘肃，在甘肃省立女中教学。她从初一教到高三，培养出了很多出色的学生，考进北大、清华等名牌大学。1945年抗战胜利后，黄路回到上海，在上海南屏女中教书。

1950年，丈夫张心一被中央财经委员会计划局任命为农业计划处处长，黄路又随丈夫到北京。黄路随丈夫到达北京后，恰逢教育部筹办北京外贸大学，外贸大学得知黄路有深厚的英语功底，邀请她到校教授英文；新中国成立后，中华医学会也在重新调整之中，卫生部部长傅连暲请她到中华医学会工作。于是在卫生部领导的推荐下，在医学会领导的再三邀请下，1950年进入中华医学会工作，任医学会会务组、外联组组长，主要负责国际联络工作，为新中国的医学会作出了积极的贡献。

1958年"反右"时，因医学会的"反右"指标达不到5％，领导再次动员大家帮助医学会整风，要求大家交心。黄路在领导的启发下，毫不犹豫地提出了改进业务工作的意见。后来因这些意见，她这位医学会中层干部、业务尖子被打成了"右派"，从此便离开了干部岗位。1961年医学会机关精简干部时，医学会领导让她退职，黄路为了孩子今后不再有一个"右派"的妈妈，被迫以退职换取了"摘帽"。

退职后，因黄路有很强的业务能力与高超的英文水平，当时北京不少医学单位都来请她，请她去教英文医学术语和对外交流用语，帮助一些名医师提升英文水平。她曾先后到多家北京著名的医院帮助医生进修英语，认真教授，耐心指导，受到医生们的高度评价。后来这些医生纷纷让他们的子女来拜黄路为师，她成了北京医学界中最有影响的英文教师。

"文革"中，黄路再一次遭受迫害。"文革"结束后，黄路给时任卫生部长的钱信忠写信申诉，钱信忠对医学会领导说："张全平（黄路）是对中华医学会有贡献的人。"并将黄路的申诉材料交中华医学会复查，1978年经卫生部核查，黄路（张全平）恢复公职，重新享受国家公务人员的待遇。

（五）著名的革命音乐家黄自

黄自，是黄炎培堂兄黄洪培的儿子。黄洪培是黄炎培发展浦东教育事业的主要支持者与合作者，曾任川沙抚民厅的教育科长之职。黄洪培父亲也是随母亲黄沈太夫人一起迁入"内史第"的。

1904年，黄自出生于"内史第"第二进院落"立本堂"西边的沿街房内，从小在"内史第"内生活学习。

黄洪培与陆开群夫妇，十分重视对孩子的启蒙教育。特别是陆开群，与王纠思都十分崇拜长辈孟樾清的为妻之道与教育子女的方法，对孩子的教育都抓得很紧。陆开群不仅注重孩子的文化教育，更重视孩子的素质教育。她是个十分开明的爱国女性，爱好诗词和音乐，有很好的音乐基础，喜爱唱歌，也经常教自己的孩子们唱歌。由于家庭环境与文化氛围的影响，她的孩子都十分

沪江大学

喜爱艺术。黄自自幼就喜欢听母亲唱歌，父亲黄洪培给他买了很多唱歌的书，母亲陆开群一有空就教他唱歌。小学时代的黄自，就能唱几十首歌，还能背诵大量古代诗词。

黄自 1916 年入北京清华学校，开始接触西方音乐，由于有良好的音乐基础，在校期间他参加了学校乐队、合唱队，又学习了钢琴和声乐。1924 年赴美国奥柏林大学学习心理学。1926 年毕业取得文学学士学位；同时被选为全美优秀大学生学术荣誉组织——"法·贝塔·卡帕"会员。1926 年又入奥柏林音乐学院专攻理论与作曲。1928 年入耶鲁大学音乐学院学习作曲，1929 年毕业，获得音乐学士学位。毕业作品管弦乐序曲《怀旧》曾在学校毕业音乐会公演，是中国作曲家创作的第一部交响音乐作品。

1930 年 6 月回国后，任上海沪江大学音乐教授，贺绿汀、陈田鹤、江定仙、刘雪庵等音乐名家均受其教。1935 年冬，创办上海管弦乐团。与张玉珍合编的复兴初级中学音乐教材，曾被各地中学广泛采用，为中国早期音乐教育打下了扎实的基础。

1931 年，"九·一八"事变后，黄自和上海音乐专科学校的师生一起为东北义勇军募捐，并奋笔谱写《抗敌歌》："中华锦绣江山谁是主人翁？我们四万万同胞，强虏入寇逞凶暴，快一致永久抵抗将仇报。家可破，国须保，身可杀，志不挠。一心一力团结牢，努力杀敌誓不饶。"

1932 年，黄自为电影《还我河山》作《旗正飘飘》插曲。在日寇加紧侵华的危难关头，他出于爱国热情与民族义愤，取唐代诗人白居易长诗，谱写了清唱剧《长恨歌》以及《九·一八》、《赠前敌将士》等著名歌曲。还带领学生辗转沪杭各地巡回演出，以唤起民心，共同抗日。1937 年，他辞去上海音乐专科学校教务主任职务，致力于《和声学》、《音乐史》的编写。1938 年 5 月不幸病逝。

黄自逝世后，他创作的《抗敌歌》等六首歌曲的演唱实况，由中央电影摄影厂拍摄成电影《黄自教授遗作选集》。《长恨歌》、《黄自歌曲选》、《黄自歌曲选集》等已公开出版。

（六）受"内史第"文化影响的黄家子女

黄、沈两家陆续搬离"内史第"到上海市区生活后，他们的儿女也随着离开了。但儿时的他们经常跟随父母来川沙"内史第"探亲，并在"内史第"居住上几天，也曾接受过川沙人文环境和"内史第"文化的熏陶，并对川沙城与"内史第"产生了深厚的感情。

1. 中国硅酸盐专家黄大能

黄大能是黄炎培四子，1916 年 8 月 29 日出生于上海南市黄家阙路。1921 年，先后进入龙门师范学校小学、浦东中学附属小学学习，因顽皮不上进，曾被父亲送入精勤学社读小学。对此，母亲王纠思耐心劝导，给他讲父亲读书的故事，讲"内史第"人勤奋好学的故事。黄大能领悟到父母的苦心和黄家先辈的进取精神，小学毕业后就考入上海沪江大学附属中学。1931 年在父亲的引导下进入中华职业学校土木科学习，1934 年毕业后，秉承父亲黄炎培"手脑并用、双手万能"的职业教育思想，坚持在铁路、桥梁、建筑工地等一线实习，并于 1935 年考入上海复旦大学土木工程系。年末，在父亲爱国主义思想的影响下，黄大能积极响应北平"一二·九"学生运动。运送上海学生往南京请愿的火车司机害怕受到牵连，中途弃车逃离，黄大能凭借自己对蒸汽机原理的熟悉，临阵受命，亲自开火车运送学生。

上海"八·一三"事变爆发后，复旦大学被迫西迁四川，黄大能随学校到达四川，在十分艰苦的环境下，他一面努力学习，一面参加抗日爱国活动。1939 年夏，由于他的勤奋刻苦，以全班第一名的优异成绩毕业。毕业后，在四川省水利局任助理工程师期间，积极投身到抗战后方的建设中去。1940 年 6 月，回到设在四川北碚的母校复旦大学任教。1941 年 8 月，在云南滇缅铁路督办公署任技术员。1942 年 7 月，到四川泸州川滇东路运输局任工程师。1943 年黄大能通过公费留学英国的考试，怀着救国、报国的理想，开始了漫漫求学路。这一路他饱经艰险：曾冒险飞越喜马拉雅山，也曾目睹殖民统治下印度人民生活的苦难，还曾与希特勒的新式武器擦身而过……

　　抗战胜利后，家书频传。已值而立之年的黄大能归心似箭，决定回国参加建设。归国后，国内形势依然十分严峻，他作为水泥和混凝土专业的技术人员，参加了南京国民政府资源委员会的管理工作。当时，水泥行业的管理人才十分匮乏，黄大能像拓荒者一样，跑遍了半个中国进行调查，并写出了《中国水泥工业》一书。

　　1946 年，黄大能在二哥黄竞武的介绍下加入中国民主同盟，开始了革命生涯。他两进"龙门"，传递重要情报，还积极物色盟员，壮大地下民主革命工作。

　　1949 年 4 月，黄大能受中共人士的邀请与弟弟黄必信一起北上，到大连工学院土木系任副教授。1950 年 3 月他又加入中国民主建国会。从此在中国共产党的领导下，积极投身社会主义革命和建设的伟大事业中，他对工作兢兢业业，对祖国和人民无限热爱。

黄竞武遇害后，陈云考虑到黄炎培身边没有子女陪伴，便推荐黄大能调到北京筹建中国建筑材料研究院。1950年下半年，黄大能接到重工业部的调令，到华北窑业公司研究所水泥室任主任。建国初期，没有资料，又缺少经验，他只能带领所内同志摸索着前进。

为了满足科研发展的需要，窑业公司在朝阳门外的管庄，申请了一大片土地。到了1954年，沈阳建工局研究室与其合并，研究院的规模有所扩大，业务也得到了扩展。新中国刚成立，百废待兴，国家需要大量的建筑材料。于是这个以管庄为基地的实验所，最终成为一个综合性的研究机构——中国建筑材料科学研究院。

到了1957年，政治氛围变得异常紧张。一心钻研业务工作的黄大能不幸被打成了"右派"，撤销了职务，由二级工程师降为六级。幸运的是，时任院党委书记的于克军同志考虑到黄大能的科研能力，没有将他下放。黄大能也丝毫没有降低对自己的要求，被革去职务后，他有了更多的时间进行科学研究。而且，他的研究工作，得到了于书记的大力支持。作为"右派"的黄大能，可以发表科技论文，还可以出差到事故现场进行调研。

1978年，党的十一届三中全会以后，年逾六旬的他终于盼来了"改正"的喜讯，以极大的热忱投身统一战线和多党合作事业，为社会主义现代化建设尽心竭力。面对繁重的科研任务，他制定了我国水泥质量的统一标准，还对混凝土质量的保证作出了突出贡献。

1982年4月，黄大能加入中国共产党，后历任中国建筑材料科学研究院教授级高级工程师、副所长、副院长、副总工程师、技术顾问等职务。他具有较高的技术理论水平与丰富的实践经验，在水泥、混凝土技术方面有突出建树。并多次参加国际学术会议，为我国建材工业的建设与发展做了大量卓有成效的工作。

2009年，黄大能与世长辞。

2. 黄炎培二女儿黄小同

她出生在川沙"内史第"宅院，后随父母到上海市区居住。曾就读于金陵大学，大学没有读完就随丈夫奔波。全国解放后随丈夫到北京工作，将家里的房子都交给了国家。曾任职于北京三十中、八十中学教授英语，始终在光荣的人民教师岗位上默默无闻地教书育人。

3. 黄炎培三女儿黄学潮

1927年生于上海黄家阙路，家中排行老七。自幼随父母居住，受到良好的家庭教育与学校教育，曾就读于金陵大学。抗战时期跟随父母到重庆，协助父亲做抗日与职业教育方面的联络工作，抗战胜利后随父亲回到上海，仍然协助父亲处理工作。

上海解放前夕，国民党军统特务将黄炎培列入暗杀黑名单之首，并派特务严密监视他。黄学潮十分担心父亲的安危，经常陪伴父亲一起外出。正在这时，中国共产党中央领导人邀请黄炎培北上赴解放区，中共上海地下党组织承担了护送黄炎培的任务，黄学潮也积极为父亲北上做准备。那一天，她亲自为黄炎培进行伪装：给父亲戴上了从头拉到脖子的灰色毡绒帽，只露出双眼，再让父亲穿上一件旧式长袍，临出门又给他戴上一副墨镜。她不能陪父亲一同前往，只能与父亲挥手告别，默默看着父亲登上汽车……送父亲北上后的日子里，黄学潮整天担心父亲是否安全地途经香港到达北平。一直没有父亲的消息，她四处打探，直至后来得知父亲已安全到达北平，她的心才放下。上海解放后，黄炎培从北京回到上海继续工作，黄学潮又跟随在父亲左右。

后来黄炎培到北京工作，黄学潮与丈夫也调入北京，她被安排在教育部门工作。经组织安排，由黄学潮与几位同志负责筹建北京空军蓝天幼儿园，幼儿园建成后，她被任命为副园长。在副园长的岗位上，她以身作则，带领全园教师全身心地投入到新中国的幼儿教育事业上，得到上级组织的一致好评。

正当黄学潮意气风发，为幼儿教育事业大展身手时，"文革"开始了。她是幼儿园的领导，又是反动的资产阶级、中国最大的

"右派"黄炎培的女儿，因而被学校的造反派扣上了"资产阶级代表人物"的帽子。勒令她必须接受革命群众的监督劳动，每天挂着"资产阶级代表人物"的牌子打扫四层楼的所有厕所。此时的黄学潮十分痛心，她与同事们一手创办的幼儿园，如今却教育单位不像教育单位，幼儿园不像幼儿园，对幼儿的启蒙教育是教他们跳忠字舞，背毛主席语录，喊革命口号……面对这一切她竟无能为力。有一次她曾向自己带过的幼儿教师提出建议，请她们结合一些启蒙方面的知识，后来让造反派知道后，狠狠地将她批了一通。黄学潮无法让孩子们受到良好的启蒙教育，现在能做的只是为他们创造清洁的环境，她坚持认真地做好这份脏累的清扫厕所的工作，繁重的工作使得了腰椎间盘突出症，可她仍忍着疼痛，坚持为孩子们服务。她坚信，这份忠诚于党的幼教事业的心是不会被永远摧残的。

粉碎"四人帮"后，黄学潮恢复了空军蓝天幼儿园副园长的职务。党的十一届三中全会后，教育事业呈现出蓬勃生机，她又以饱满的热情和不懈的努力为恢复幼儿教育的正常秩序而奋斗，为幼儿教育事业的改革出谋献策。20世纪80年代，黄学潮到了退休年龄，才依依不舍地离开工作了大半辈子的岗位。长期以来她一心扑在幼儿教育事业上，是一个闲不住的人，退休后她决心为社会做一些力所能及的事。她加入了中国致公党，并被选为致公党北京市委妇委会主任，积极地投入到党的统一战线工作之中，发挥重要作用。

黄学潮一生牢记父母教导，她一直将父亲在客厅悬挂的自题楹联"毋忘孤苦出身，看诸儿绕膝相依，已较我少年有福；切莫奢侈过分，闻到处向隅而泣，试问你独乐何心"铭记在心。

黄学潮为人低调，生活朴素，从不宣扬自己是黄炎培的女儿，做事十分认真，待人友善谦和。84 岁高龄时，她除了参加必要的社会活动，就是在北京南二环一栋 18 层的普通塔楼的居室内读书看报。她的活动区域就是仅 9 平方米的睡房和陈设十分简单的 16 平方米的小客厅，到过她家的人都不相信她家竟比一般百姓家还要简陋。曾有人问她为什么住在这样的房子里，她笑着说："大房子也是住，小房子也是住，只要住的感觉舒坦就好了。再说父亲一直教导我们，要我们做一个普普通通的寻常百姓，比起住不上房的，我的条件不错了。"

4. 黄炎培四女儿黄素回

黄素回从小随父母在上海市区生活，16 岁时考入金陵大学医科专业，1949 年进入大连医学院工作，后不知何原因被打成"右派"，被下放到内蒙古工作。

5. 黄炎培小儿子黄必信

黄必信从小随父母住在上海市区，抗战时随父亲到重庆读书。1949 年 4 月完成中央工专学校的学业后，经中共上海地下党组织介绍，跟随四哥黄大能自筹路费参加革命，从上海出发，经香港转道天津，最后到达大连后，与黄大能一起在大连工学院任教。

1951年主讲"电路"课程。1952年担任普通电工教研室主任，主讲"电工学"等课程。黄必信治学严谨，培养学生坚持高标准严要求。备课认真细致，授课方法得当，教学成果显著。襟怀坦白，直言不讳，对教育工作勇于提出积极意见。1957年参与"整风运动"，在一次代表教员发言后，因受父亲黄炎培与哥哥黄万里、黄大能的牵连，被错打成"右派"。不准再教书，工资降了一半，参加下放劳动，但在逆境中仍积极工作。1960年"摘帽"后才回到讲台。黄必信班上学生中有"调干生"，即上大学以前已经是"干部"，"政治条件好"，黄必信严格按照学校要求给分，他们中有几个考试成绩不及格，没通过"调干"。黄必信因此被指控为"打击迫害工农学生"及"进行阶级报复"等，于1965年8月再次受到批判，随学校"四清"工作队下乡锻炼。到农村后，黄必信主动访贫问苦，关心群众疾苦，用自己的工资为农民订报纸杂志，受到农民的爱戴。

1966年"文革"开始，黄必信回到学校，立即被列为重点打击对象，遭到大字报和"批斗会"攻击。屡次三番的打击、诬陷，使他难以承受，以致精神崩溃，对生活失去了信心。1966年6月14日，被批斗后回到家就上吊自杀，时年41岁。最悲惨的是他含冤去世几个月后的10月26日，他14岁的小女儿黄可青离奇失踪，学校不仅不寻找，还说是她母亲把她送到外国当特务了。

黄必信的妻子余启运，也在大连工学院教书，是物理系的教师。1968 年开始"清理阶级队伍"。6 月 19 日她被关进设立在学校中的"隔离审查室"。四天以后，余启运在"隔离审查室"中自杀。黄必信和妻子余启运死后，他们的骨灰都没有被保留。一个孩子失踪，从此杳无音信。另外两个孩子，儿子黄后乐、女儿黄未雨当时是中学生，在母亲死后，都被送下农村"插队"。

1978 年党的十一届三中全会后，党中央开始为冤假错案平反。1979 年，大连工学院党委决定，撤销强加在黄必信同志身上的一切不实之词和错误结论，彻底平反昭雪，恢复名誉。黄必信同志的一生，是热爱党、热爱社会主义的一生，是忠诚于党的教育事业的一生，是光明磊落的一生。1984 年 6 月 14 日，学院党委为黄必信和余启运夫妇举行了隆重的追悼会。

叁

"内史第"宅院为何成为宋庆龄等宋家子女成长的摇篮

曾在中国显赫一时的、民国时期"四大家族"之一的宋氏家族子弟为何会出生在"内史第"?"内史第"又对他们产生了怎样的影响?这里究竟是不是宋庆龄的出生地?

要揭开这些谜,就必须从宋耀如牧师和他的夫人倪桂珍女士以及倪桂珍的父亲上海基督教英国伦敦会牧师倪蕴山说起。

一、钟情于川沙姑娘的基督教牧师宋耀如

1886 年初,宋耀如从美国归国,在美国基督教中国布道团任见习牧师,后经好友牛尚周与温秉忠介绍,结识了倪蕴山牧师和他的女儿倪桂珍。

宋耀如对倪桂珍这位兼具东方女性之柔美与西方女性之独立的川沙姑娘一见钟情。倪桂珍体态丰腴,一头乌黑长发,整齐的刘海下一双温柔的大眼睛似乎会说话,天生丽质,楚楚动人。

宋耀如知道爱情只有靠自己的努力来争取,要得到自己心爱的姑娘,就必须加倍付出。于是,宋耀如便千方百计地寻找各种机会接近倪桂珍,他会经常找借口到倪桂珍就读的上海教会学校

去，并主动与倪桂珍切磋音乐、畅谈艺术。

1888 年的夏天，倪桂珍修完学业，被父亲倪蕴山送回川沙老家，宋耀如就很难有机会与倪桂珍接近了。宋耀如整天盼望着传道休假日的到来，这样才有机会去川沙城看望他朝思暮想的倪桂珍小姐。

一到休假日，宋耀如便约好友温秉忠和牛尚周到川沙去看望倪蕴山牧师全家。借口却也十分合理，他说自己在上海举目无亲，已把恩师倪蕴山当作自己最亲的亲人。

倪蕴山以及倪家上下都十分敬重这位年轻人，从来也没有去想宋牧师来倪家还有什么别的目的。一般说来，年轻的姑娘与小伙子相处融洽，相互间可能会产生爱情。倪蕴山见到宋耀如经常来川沙陪爱女聊天，但误以为是兄妹之间的关怀之情，根本没有往爱情方面去想。但功夫不负有心人，在宋耀如与倪桂珍的多次见面与交谈中，倪桂珍已被宋耀如丰富的经历、渊博的知识、真挚的热情与较高的文化修养所深深吸引。后经倪蕴山夫妇同意后，宋耀如于 1887 年底与倪桂珍结为夫妇。

二、"内史第"宅院成为宋耀如夫妇的暂住新婚用房

宋耀如与倪桂珍结婚时，倪蕴山考虑到：女婿宋耀如回国时间不长，还只是个见习牧师，没有合适的居所作为结婚用房；自

己的家眷都在川沙城内，女儿暂住川沙城便于照顾倪家人，可是已经出嫁的女儿又不能住在自己家中。倪蕴山为了倪家的体面，为了自己的掌上明珠，与大儿子倪锡令商量，由其出面向私塾同窗沈毓庆暂借"内史第"第一进院落的沿街房，为女儿、女婿做结婚用房。

宋耀如很喜欢"内史第"沈家大院那独特的江南建筑风格，特别是楼前小街与小桥流水别有风情，水中鱼儿嬉戏追逐，街上人来人往热闹非凡，闹中取静，环境幽雅，给人以舒畅之感。宋耀如对岳父倪蕴山的精心安排极为满意。

新婚燕尔，一晃一个月已过去，宋耀如为了自己的事业不得不与爱妻倪桂珍暂作小别。

人逢喜事精神爽，小别新婚妻子的宋耀如继续了他在上海西郊的传教。教徒们见宋牧师喜笑颜开，也为他的幸福所感染。

上海美国基督教监理会中国布道团的林乐知教长，却对宋耀如与英国基督教会的密切联系有很大的意见，可是这位年轻的中国牧师并没有理会其他牧师对他的刁难与排挤。对此，林乐知恼羞成怒，为了迫使宋耀如断绝与英国基督教会的密切联系，他想尽种种办法对宋耀如进行打击与诽谤。后来，以派年轻牧师去昆山开辟基督教传教区域为由，将宋耀如派往远离上海的江苏昆山传教。

当宋耀如接到林乐知教长签署的中国布道团的通知后，并没有像以前那样悲观与失望,他知道林乐知不达目的是决不会罢休的。宋耀如早已做好了思想准备,因为今天的他已不是初来乍到时的宋耀如了,他不仅有漂亮温柔的妻子倪桂珍,还有岳父倪蕴山等人做他的坚强后盾,而且在上海浦西与浦东已有不少关心与支持他的朋友和基督教信徒。他决定迎难而上,去江苏昆山发展自己理想中的事业。

三、宋耀如夫妇离开川沙"内史第"前往昆山传教

1889 年初,宋耀如偕爱妻倪桂珍离开川沙城"内史第"前往江苏昆山。

昆山距离上海市区虽然只有 200 多里,但是昆山小镇毕竟只是一个属于江苏农村地区的古镇,不仅社会环境与生活设施与上海无法相比,而且这里人的思想与思维方式也和上海人有所不同。宋耀如夫妇刚来到这里,就有不少当地人竞相围观。好在他们来时已做好了足够的思想准备,夫妇俩并没有因此而感到不快。宋耀如感觉到昆山这地方经济与文化十分落后,到这里传道不仅要传播福音,还要传播西方的先进文化与科学知识,而首先必须改变这既没有教堂,又没有可传教场所的状况,一切都要从零开始。宋耀如就用微薄的薪金租了一间十分简陋的村舍。

昆山当地居民普遍信仰的是佛教与道教,他们不但不信洋教,

而且都非常反对洋教，所以宋耀如与倪桂珍来这里传教，将面临很大阻力与重重困难。宋耀如想要与当地的居民交流，可这些居民不是有意避开他，就是对他们存着严重戒心，根本无法进行沟通。宋耀如想不通，为什么传教还会遭到当地居民的刁难与攻击，甚至还把他们花了不少银两与心血的、刚刚修筑起来的教堂烧成灰烬。

夫妇俩面对昆山当地乡民所采取的种种无知的行动毫不气馁，他们相互鼓励，勇敢地克服了种种意想不到的困难，义无反顾地为昆山乡民传播上帝的福音。

倪桂珍考虑到宋耀如在为乡民们传道中不仅言语存在着隔阂，而且身穿西服难以亲近乡民，她为了使宋耀如能从感情上先拉近与当地乡民的距离，让他脱下了美国西服，换上了中国旧式长袍，并戴起了皮瓜小帽，又整天陪伴他一起传教，帮他解决语言上的不通。宋耀如也为了使自己的传教得到更多的认可，还利用在美国学习与掌握到的一些医疗技术为当地老百姓进行免费医治。由于宋耀如夫妇俩的真挚情感与至诚的善举，逐渐感动了不少当地乡民。

几经磨难的宋耀如夫妇，在昆山近半年来坚持不懈的努力没有白费，他们的付出深深感动了当地的乡民，乡民们开始与这位中国的洋牧师和来自大城市上海的漂亮姑娘慢慢有所接触，不少乡民主动请宋耀如帮他们治病，并热情地与宋耀如夫妇交谈，听取他们的布道。

一年后，上海美国基督教中国布道团在江苏昆山的传教点，经过宋耀如的努力取得了很大进展，信徒也逐渐增多。

对于昆山传教点的进展，林乐知教长并没有因此而对宋耀如大加赞扬，反而把这作为自己负责的中国布道团的成绩汇报给美国基督教监理总会。为此，美国基督教监理会专门表扬了中国布道团与昆山传教点。

1888 年，宋耀如被美国基督教监理会总部提升为上海美国基督教监理会中国布道团的正式牧师。总部下达提升指令后，又指示林乐知教长增加昆山传教点的传教经费。林乐知教长收到总部指示后，十分恼火，他认为宋耀如擅自向美国基督教监理会总部邀功并告他的状，这不仅是存心与他过不去，而且是居心不良。虽然林乐知教长表面上表示愿意执行美国总部的指示，可暗地里却以种种理由对传道经费予以克扣，而且还诋毁宋耀如，说他在昆山传教因语言障碍，由英国基督教圣公会的信徒、宋耀如的妻子倪桂珍代为翻译传教，昆山传教的局面不仅无法展开，还将影响布道团的声誉，现经上海美国基督教监理会中国布道团研究决定，准备在近期内将宋耀如牧师调离昆山。

1888 年 3 月初，上海美国基督教监理会中国布道团正式通知调宋耀如到上海七宝传教，要求立即做好交接事宜。宋耀如接到通知后，不得不于 1888 年 3 月底，偕爱妻倪桂珍离开了曾使他经受过无数次常人难以想象的艰难困苦的地方，离开了他们倾注全部情感才取得信任的昆山地区居民，离开了忠实地追随他并皈依基督教的那些虔诚的基督徒，来到了另一处人生地不熟的地方——上海七宝。

七宝是上海的西南重镇，太平军曾在这里与清兵进行过无数次的激战，太平军撤退后，留下了不少太平军的遗老遗少在此落户。因为太平军都十分痛恨洋人，反清灭洋的概念在他们心中已根深蒂固，所以宋耀如与倪桂珍要在此地传教又将遇到不少困难。为了打开七宝地区的传教局面，宋耀如与倪桂珍吸取了在昆山传教的经验，他们到七宝后，没有马上开始传教布道，而是从行医看病与举办慈善活动开始。

免费行医与布施济贫很快得到当地居民的欢迎，连太平军的后代也前来求医，并逐渐与他们亲近起来。正当宋耀如准备在七宝开始传教，却遭到清朝密探的告密，说宋耀如勾结天地会党宣扬反清思想与西方民主，上海道台龚照瑗即派清兵前往七宝缉拿宋耀如夫妇。清兵拆毁了宋耀如的传教住宅并收缴了医疗药物，以反清罪名将宋耀如夫妇捉拿。美国牧师步惠廉得知后，火速赶往七宝出面相救，清兵怕酿成教案才不敢轻举妄动。

宋耀如为了澄清事实真相，随清兵与步惠廉一起回上海道衙见上海道台，在宋耀如的据理力争与步惠廉的再三恫吓下，上海道台龚照瑗怕引起教案风波不得不息事宁人，给宋耀如写了一张

"遵法传教，严加保护"的手令。

上海美国基督教监理会中国布道团似乎也因为察觉到宋耀如与天地会有联系，趁机正式通知宋耀如去江苏太仓传教。

宋耀如接到林乐知教长签发的通知，心中无比气愤，他知道这是又一次林乐知教长对他的"恩赐"。

江苏太仓离上海更远，是一个非常落后的穷地方，光走水路也需两天的行程。宋耀如夫妇为了传播上帝的福音，便踏上了去往江苏太仓的征程。

1889年底，牛尚周在上海电报局发现上海道台要加害宋耀如的密电，即与颜永京、吴虹玉等牧师商量，决定连夜派人去太仓接宋耀如与倪桂珍秘密返回上海。为了逃避上海道台的迫害，经颜文京牧师安排，宋耀如夫妇暂时在租界的吴虹玉牧师家中避难。

此时却传来了倪蕴山病危的消息。倪蕴山在重病之中还惦记着自己的爱婿，他没有将自己辛勤开创的英国基督教圣公会在浦东川沙地区的传教区域交给唯一继承自己事业的大儿子倪锡令，而希望宋耀如来接替自己，回到浦东川沙传教。

四、"内史第"宅院成为宋耀如传播基督教的福音堂

倪蕴山去世后，宋耀如与倪桂珍依照倪蕴山的嘱托，回到了浦东川沙城。从此宋耀如在浦东川沙一带传教，成为了川沙的本

土传教士。

宋耀如夫妇回到川沙后，先后暂住在川沙镇北的倪家宅与中市街48号的倪家宅。因按照上海浦东当地的风俗，女儿出嫁后孩子是不能出生在娘家的，所以又搬到了"内史第"居住。从此，宋耀如一家在"内史第"沈家大院中居住了近13年之久。宋霭龄、宋庆龄、宋美龄以及宋子文等兄弟大都出生在这里。

1889年7月15日，倪桂珍在"内史第"内为宋耀如生下了第一个孩子，是一个女孩。宋耀如给她取名"霭玲"，是为了表达心情愉悦之意。宋耀如又为了表示对美国恩人朱利安·卡尔将军的夫人南妮·卡尔的纪念，为她取了一个宗教名字——南希。

1890年春暖花开之时，颜文京与吴虹玉牧师将上海道台已放松了对其加害的消息告诉了宋耀如，宋耀如见风声稍有平息，便正式接替了岳父倪蕴山牧师开辟的浦东川沙地区基督教的布道区域。从此，他就以一个本土自由牧师的身份，开始了自愿传教的生涯。

宋耀如为了逐步扩大自己在川沙的影响，使更多的人接受基督教的福音，每逢星期天，便身穿蓝色竹布长衫，在中市街牌楼桥与苏家桥三角街"内史第"的前街沿上大声高唱《赞美诗》后，进行布道演讲。倪桂珍也为了辅助丈夫，经常与宋耀如一起手拿白色三角旗，在川沙南市街、中市街等地走街串巷，以此来吸引当地群众听宋耀如的布道演讲。

宋耀如在布道演讲时经常与中国的儒家文化相结合，比如在讲耶稣基督时也会结合中国的孔子、孟子，他认为外国的基督教与中国的儒教相通，基督教可以弥补儒教之缺陷，儒教也可弥补基督教之不足，东方与西方的理是完全相通的，普天之下的理是全人类所共享的。宋耀如的传道演讲，既通俗易懂，又亲切可近，得到不少川沙人的认同。

由于宋耀如坚持基督教为国人服务的传道宗旨，把西方的先进思想文化与中国的儒家文化相结合，并在布道演讲中不断加入西方的先进文化与技术，使川沙人能普遍接受，也使中国基督教牧师宋耀如的名字，在川沙城内外迅速传开。那时，凡是到川沙城办事的人，基本上都会趁便到中市街牌楼桥等处听宋耀如的布道演讲。特别是一到礼拜天，常常把整个中市街牌楼桥围得水泄不通。

为了能让宋耀如在川沙城内有一个较为固定的传教场所，1890年底，住在沈家大院对面54～56号的邻居兼好友诸其耀和妻子高兰玲以及57～58号孙天华银楼的孙宝仁和妻子等十几位基督教的忠实信徒，共同出面为宋耀如租借了"内史第"第二进房屋中的"立本堂"，帮助宋耀如办起了一个耶稣堂。

宋耀如夫妇为了感谢诸其耀与高兰玲等好友与信徒们的好意，把沈家大院的"立本堂"改名为"福音堂"，意为宋耀如忠诚于基督教，并愿为川沙民众传播耶稣与基督的福音，为川沙民众造福。

　　宋耀如有了固定的传教场所"福音堂"以后，除了礼拜天仍坚持在中市街牌楼桥做一次布道演讲外，其余的传教日都在"福音堂"内进行，基本结束了在川沙地区巡回布道的生涯。

　　后来，宋耀如辞去了基督教监理公会南方布道团的职务，他在川沙的自由传教已不可能再得到传教津贴，生活上只能依靠亲朋好友的支持与倪家人的帮助，长此以往，宋耀如夫妇的生活逐渐发生了困难。为了维持家庭的基本生活，他们只能省吃俭用，倪桂珍也开始在家里做一些零碎的手工活，赚钱贴补家用。

五、宋耀如的实业计划与幸福生活

　　少年时期的宋耀如，不甘心做一个继承祖业的茶丝店小掌柜。如今的他，又不甘心于做一个平平稳稳的牧师。为了摆脱目前的困境，宋耀如的心中，正在酝酿着一个能实现自己奋斗目标的计划。

　　1891年春，宋耀如在妻子倪桂珍的全力支持下，开始了他计划的第一步。倪桂珍为了帮助丈夫实施这个计划，心甘情愿地变卖了自己大部分的嫁妆，并托牛尚周（在上海电报局任技术官员）与温秉忠（在上海海关任职）两位连襟从国外购买了一台印刷机，并在征得"内史第"主人沈毓庆的同意后，在租借的沈家大院中开了一家小型的印刷厂。

那时正逢英格兰、苏格兰、美国与加拿大的长老宗教会在华召开长老宗大会，会上决定出版长老宗教会的全国性刊物。上海的美华书馆是中国长老宗教会刊物的发行机构，还代为印刷圣教会的其他刊物。目前美华书馆已无法承担，正在寻求合作伙伴，宋耀如与其接触后一拍即合。再加上上海监理会主办的美华书馆是宋耀如曾工作过的地方，有不少小业务也需要代为印刷。所以，宋耀如开办小型印刷厂之初，主要承印上海基督教教会的宣传画与宗教宣传小册子。后来他发现上海地区很少见《圣经》等宗教刊物，进口的宗教刊物价格又比较高，如能在国内自己进行印刷，可利用国内十分便宜的纸张和大量廉价的劳动力，《圣经》的成本就会大大降低，一般居民就能购买到这本宣传和平与博爱的宗教小册子。这大好的机遇，宋耀如决不会放过。他印刷的《圣经》一经发行，便抢购一空。

1890 年，川沙地区的农村开始试种棉花，一年后，川沙开始逐步推广棉花种植。与此同时，沈毓庆正在酝酿进一步扩展川沙的毛巾工业。宋耀如见这是个极好的机会，就与沈毓庆商量，并请求他帮助从日本进口毛巾编织机，准备在"内史第"开一家小型的毛巾厂。

沈毓庆很喜欢这位基督教的牧师房客，他不仅答应了宋耀如在"内史第"内开设毛巾厂的请求，而且还帮助宋耀如从日本进口了十台毛巾编织机。

宋耀如为了尽快地使毛巾厂投入生产，托教友将他传教的"福音堂"迁出了沈家大院，随后他又向沈毓庆租借了几间房办起了一家毛巾编织厂，并在沈毓庆的帮助下雇了十几名青年女工进行职前的培训。

宋耀如一面经商办厂，一面悉心传教。为了继续发展毛巾厂，他在沈毓庆的热心帮助下，毅然加入了由沈毓庆牵头兴办的川沙毛巾厂，成为浦东毛巾工业的创始人之一。

印刷厂生意兴隆，毛巾厂适销对路，使宋耀如有了一定的经济实力。他又与夫人倪桂珍合计在家里开办一个小书店，由倪桂珍亲自负责，主要销售宗教书刊。

事业有成，家庭幸福，宋耀如夫妇完全沉浸在成功的喜悦之中。宋家也好事不断。1893 年 1 月 16 日这一天，上海突然下起了纷纷扬扬的大雪，浦东一片雪白。就在第二天上午，宋耀如夫妇的第二个女儿"白雪公主"在"内史第"降生了。

1 月 17 日是农历腊月初十，正是上海最冷的时候，可川沙城内的宋耀如家却春意盎然。亲朋好友纷纷前来祝贺，热闹非凡，宋耀如夫妇也对今后的生活充满着美好的憧憬。

宋耀如夫妇为了表达对川沙乡亲们的感激之情与此时此刻的幸福心情，为这位"白雪公主"取名"庆龄"，又为她起了英文名字——罗莎蒙德，是为了纪念恩人里考德牧师的女儿、知己罗莎蒙德·里考德。

二女儿宋庆龄出生后，宋耀如除了坚持每礼拜一次的布道演讲外，已基本放弃了传教生涯，把主要精力转向了经商办厂方面。但他内心深处仍十分崇信基督教，所创办的事业也与基督教有着密切的联系。

然而，宋耀如投身实业却遭到上海基督教监理会林乐主教的攻击，并有谣言称"宋耀如已重返异教徒偶像崇拜的习俗之中"。这些谣言不仅在上海基督教中传播，而且还传到了美国基督教监理会。

为此，宋耀如不得不于1893年9月8日写信给美国《基督教倡导者》编辑部进行辟谣，表明自己没有放弃信奉基督教。

宋耀如为了再一次证明自己与家人对基督教的热爱，为基督徒免费赠送《圣经》与宣传基督教信仰的小册子，并积极投身于基督教的慈善事业。倪桂珍也始终秉承着基督教教义所提倡的平等、博爱与献身精神，热心于公益事业。

1893年秋，宋耀如与妻子倪桂珍商量把事业发展到上海市区去，在妻子的支持下，他在浦西市区的法租界内租了两间小房子，开办了华美印刷所。接着他又与连襟们一起从美国进口面粉机，在上海市区开办了一家中国人自己的面粉厂。

1894年12月4日，倪桂珍在上海教会医院（同仁医院）为宋耀如生下了第一个儿子宋子文。宋子文出生后不到一周，倪桂珍考虑到宋耀如忙于工厂的筹建与进口面粉机的安装，便让宋耀如把她与儿子送回川沙家中休养。

　　倪桂珍为宋耀如生了一个白白胖胖的儿子，这使倪家人感到十分高兴。宋子文满月时，倪家帮助宋耀如夫妇按浦东本地的风

1914 年宋家成员在日本合影

1917 年宋家成员在霞飞路 491 号住宅客厅合影

俗习惯，热热闹闹地操办了几十桌满月酒，宋耀如也不顾办厂的忙碌，特意回到川沙，深情答谢亲朋好友。

1897 年 3 月 5 日，宋耀如的第三个女儿宋美龄在上海仁济医院出生了，出生后不到一周，倪桂珍坚持把她带回川沙沈家大院照料。宋子良、宋子安也分别于 1890 年与 1903 年出生了。

倪桂珍一共为宋耀如生下了三男三女六个儿女，其中五个孩子是居住在"内史第"时降世的。宋家的子女虽然个个都聪明俊美，但性格却各不相同。

大女儿宋霭龄聪明沉静，口齿伶俐，长于心机，善于观色，精于世故，深谙父亲的经营之道，继承母亲的沉静稳重。

二女儿宋庆龄性情温和，稳重娴静，柔中有刚，朴实无华，意志坚强，有其父亲的待人接物之风范与母亲的朴实善良。

大儿子宋子文性情刚强，魄力过人，有独立的主张，遇事当机立断，不怕风险，有其父亲的勇于探索之精神。

三女儿宋美龄高傲自信，生性倔强，富有创新精神，但顽皮淘气，虚荣心强，面容虽像母亲，性格却差之千里。

二儿子宋子良性情温和，为人顺良，处事谨慎小心，不偏不倚，虽不善交际，但稳扎稳打，有自己的独立见解。

三儿子宋子安聪明调皮，活泼天真，甚少涉足政坛，虽富于想象，但敢想而不敢为，缺乏驾驭事物的实际能力。

宋耀如在川沙亲朋好友的关心与支持下，不仅事业小有所成，家庭也幸福美满。

六、"内史第"文化熏陶使宋家子女受到良好的启蒙教育

宋耀如夫妇对他们的子女都寄予着很大的期望，要把孩子培养成出类拔萃、为国为民的有用之人，去拯救贫困落后的旧中国。

（一）宋家儿女的启蒙老师诸其耀

1898 年，宋耀如与倪桂珍把儿女们送到"内史第"沿街房对

门的私塾中去读书，私塾教师是川沙镇上的老秀才诸其耀。

诸其耀又名诸文伯，是清代咸丰末年的秀才，其父为他在川沙城的家中办了一间私塾，开始收徒授课。

诸秀才学有所长，教书认真，已有不少门生考取了功名，所以他在川沙城厢镇颇有名气，不仅镇上的富贵人家托人把孩子送到他的私塾里读书，而且连乡下的有条件的家庭也纷纷把孩子送到这里。

遗憾的是，1901年夏秋交替之际，诸其耀忽然身患重病卧床不起，无力教授学生，只得停止办学。这之后，宋耀如夫妇又不愿让孩子到其他私塾去求学，决定办个家庭私塾让孩子们在自己家上课，倪桂珍便四处托人打听家庭私塾教师。

（二）宋家聘请的私塾教师顾元襄

1902年初春，倪桂珍终于请来了川沙城西孙小桥的桥家弄秀才顾元襄（又名顾佐尧）来川沙家中设馆，教授宋庆龄、宋子文、宋美龄等子女读书。

顾元襄在宋耀如家当家庭塾师时，年仅二十八。他从不因为宋耀如是川沙城的基督教传教士，并在川沙城内外有一定影响，而放松对宋家子女的严格管教，他对宋家子女在学习与品德方面的错误也决不姑息纵容。

宋庆龄与弟妹们对这位严厉的师长虽有点惧怕，但对他的学识与为人十分佩服，都非常尊敬这位家庭塾师。

在威斯里安女子大学演习时的宋庆龄（左）、宋
霭龄（中）、宋美龄（右）

　　顾元襄没有辜负宋耀如夫妇对他的期望，他虽对教学极为严
格，但决不因循守旧，将中国传统教育与现代教育相结合。通过
顾秀才的辛勤培育与悉心教导，宋家子女在学业上进步很快，而
且在道德修养与待人接物等礼仪方面也很有长进。

　　1903 年夏，因宋耀如所办企业的发展，他陆续将全家搬到了
上海浦西。虽然顾元襄教授宋家子女读书的时间只有一年多，但
他们之间已建立了相当深厚的情谊，并使双方都难以忘怀。

宋庆龄（左）、宋子文（中）和宋美龄（右）
在美国合影

（三）宋耀如夫妇的教育方法

宋耀如除了请家庭教师在家设馆教授自己的子女读书外，他对儿女们的家庭教育也抓得很紧。宋耀如采取的教育方法是启发式的、较为民主的教育，他对男女孩子一视同仁。他对中国封建传统压抑个性，以循规蹈矩为贤明，以唯唯诺诺为老成的陈腐教育深恶痛绝。

宋耀如夫妇为了使儿女们得到更好的教育，把年仅5岁的大女儿宋霭龄寄宿在上海新式女子学校——马克蒂耶学校。1904年，宋耀如夫妇又送她去美国梅肯市威斯里安女子大学留学。但是，宋家的二女儿宋庆龄为了帮助母亲照料弟妹，只能与她的弟弟宋子文、妹妹宋美龄等就读于川沙的私塾，接受浦东川沙的地方教育。

宋氏子女生长在这样一个具有近代西方民主气息的家庭中，又受"内史第"的文化氛围和中国传统优秀文化的熏陶，从小就勤奋好学、自强自立、尊敬师长，既具有优秀传统美德的修养，又具有西方现代文明的开放风度。

七、宋家与沈、黄两家成为"内史第"内的好邻居

宋耀如家、沈毓庆家、黄叔才家同住"内史第"宅院，宋家住在第一进沿街房，沈家住第一进正房，黄家住在第三进内宅楼。三姓人家同住"内史第"宅院内，相处得十分融洽，甚至于有时彼此之间不分你我。

和睦的相处、真挚的友谊，使三家的大人成为挚友，三家的孩子们成为小伙伴，使"内史第"宅院内的文化氛围之中又增添了几分亲情与友情。

特别是当宋耀如需要有一个固定的场所进行传教时，沈毓庆十分理解并支持宋耀如在"内史第"发展基督教事业。宋耀如家中遇到经济困难时，沈毓庆又同意让宋耀如在"内史第"开办小型商店与工厂。宋耀如也十分敬重这位有才气的民族工商业家。

黄炎培的父亲黄叔才与宋庆龄的父亲宋耀如有着相似的性格，这种性格也是倪桂珍所赞赏的。倪桂珍经常给儿女们讲黄叔才在浦东川沙和南汇豪气侠义、仗义执言的故事，还向他们讲述少年黄炎培从小失去双亲，为照顾两位妹妹边打工、边读书的故事，以及黄炎培勤奋苦读，最终没有辜负黄、沈两家人的期望，考取秀才，进入南洋公学读书的故事。

倪桂珍对黄、沈两家人故事的讲述，使年幼的宋庆龄对"内史第"宅院产生了深厚的兴趣。虽然宋庆龄离开川沙时只有 10 岁，但她对同住"内史第"宅院的黄炎培了解很多，特别是对黄炎培中举人后回乡办学的义举和反对腐败的清朝政府，敢于冒着杀头之罪进行演讲的行为十分敬佩，这些在宋庆龄幼小的心灵中留下了深刻的印象，也使从小爱憎分明的宋庆龄对黄炎培产生了敬仰之情。

1903 年底，宋耀如夫妇全家搬到上海浦西江湾时，宋子文没有随父母离开，仍在川沙城内的秀才顾元襄的私塾中读书，寄住在倪家亲戚王颂明的家中（王颂明的夫人周淑珍是倪桂珍的表姨）。一年之后，宋子文才依依不舍地离开浦东川沙，离开与他一起生活学习的川沙小伙伴。

肆

宋庆龄出生地"川沙说"与"虹口说"

中华人民共和国名誉主席、"国之瑰宝"宋庆龄在履历表出生地一栏中一直填写的是"上海"二字。可是宋庆龄出生地到底在上海何处，众说纷纭，一直是一个谜。

这个谜，也一直困扰着上海宋庆龄研究方面的不少专家学者。有关宋庆龄及宋氏家族成员如宋霭龄、宋子文、宋美龄等出生地的情况，在各类重要书刊上都没有详细记载。

大约在 1983 年前后，不知是谁，仅凭着日本友人仁木富美子女士当年在日本收到的宋庆龄来信的地址为"上海虹口东余杭路 628 号 C"，就以此推定宋庆龄出生在上海虹口。这违反史实认定原则，是没有进行考证的推论，却因为没人能提出质疑，就这样以讹传讹成为了定论。

此后，全国各地史学家和宋庆龄研究人员的文章以及宋庆龄的生平展览中就出现了伟大的爱国主义、民主主义、国际主义和共产主义者宋庆龄出生于上海虹口之说。

一、宋庆龄出生地"川沙说"，引起了宋庆龄出生地之争

1986 年 7 月 28 日，伟大的爱国主义者、民主主义者、著名的社会活动家、新中国德高望重的国家领导人黄炎培先生的三儿子黄万里教授，在给上海《川沙县志》、《川沙县文化志》办公室的一封来信中说：1949 年 6 月 25 日，黄炎培自北京来沪，到川沙城为其二子黄竞武烈士下葬。他曾指着"内史第"说："这就是了不起的宋庆龄出生的地方。"黄万里称当时他陪同父亲黄炎培一起来川沙，对此事记得清清楚楚。

就在此时，人称川沙"活字典"的城厢镇镇志办公室的蔡凯声先生也向川沙县有关部门反映："清代咸丰年间清廷内阁中书沈树镛居住的三进深江南民居'内史第'曾是宋氏家族在川沙的居住地，国母宋庆龄的出生地，希望不要将'内史第'沈宅列入川沙县人民政府老城厢改造之列。"他还向川沙县人民政府和县文化局等部门强烈呼吁应对"内史第"予以修缮保护。

上述情况立即引起了川沙县文化局、县地方志办公室以及文物保护人员、历史研究人员的极大关注。

川沙县文化局领导立即组织县文化志编辑人员展开调查。论证宋氏家族在浦东川沙居住似乎难度不大，但是要论证宋庆龄出生在川沙，从而推翻宋庆龄出生在虹口之说却非易事。在宋庆龄

出生地的论证上，说"虹口说"依据不足，仅凭仁木富美子女士在日本收到宋庆龄来信的地址就予以确定，可是"川沙说"呢？"川沙说"目前的依据也只是凭黄万里教授的来信和蔡凯声先生的回忆。要确定宋氏家族在川沙生活、揭开宋庆龄出生地之谜，必须有翔实的史料和有力的证据。

"川沙说"研究人员之一、《川沙县文化志》主编王乐德同志和文化志编辑人员黄尤西、陈伟红、张永安等同志首先展开了调查，后来笔者（时任川沙县文化局副局长）与县文物保护管理所所长黄忠、副所长陈俊德等同志也相继加入。以黄万里教授的来信和蔡凯声先生的回忆为线索，展开调查取证。

这项工作，首先从川沙城内年龄较大的老住户和宋庆龄母亲倪桂珍的亲戚与倪家后人开始，以获取较为详确的第一手资料。

川沙县文化局立即对初步调查证实的有关宋氏家族在川沙的史料进行整理，并向上海宋庆龄研究会与上海市文物管理委员会做了报告，明确提出宋庆龄出生在"内史第"的史实依据。

上海宋庆龄研究会接到报告后，立即组织宋庆龄研究专家蒋洪斌等人多次来到川沙，和川沙县文化局的领导及有关文物、文史研究人员一起进行调查研究、共同考证。随着调研的深入与新资料的公布，人们逐渐对宋庆龄出生在虹口的"定论"产生了质疑，随之而产生了宋庆龄出生地之争的"川沙说"和"虹口说"。

二、宋庆龄的父亲宋耀如为何会来浦东川沙传教？

想揭开宋耀如为何来浦东川沙之谜，首先，要从宋耀如的岳父倪蕴山说起。

（一）宋耀如的岳父倪蕴山是何方人氏？

倪蕴山，1837 年生，祖籍安徽桐城人，先祖倪山堂是一位著名的学者，是明末清初大学士戴民世的学生。因戴民世编写《南山集》一书，触犯了康熙皇帝，于 1711 年被处死。倪山堂等 300 多人受株连。此时倪山堂虽然已故世，但是他的家属后代仍和其他受株连的人一起被发配到浙江沿海边疆充军。从此，倪家人就在浙江沿海的鄞县一带打鱼为生。倪山堂的孙儿倪继山也在那里成了家，并有了儿孙，但是仍然经常遭受官府衙门的欺压，倪继山的儿子也被官府逼迫而死。

倪继山为了让倪家唯一的继承人不被官府所害，与孙子倪念祖驾船出逃，几经漂泊来到了浦东川沙白龙港，后迁居川沙城东，以租种荒地为生。从此，倪家人就在这块荒地上落户，成家立业、生儿育女，精耕细作、饲养牲畜，这块荒地逐渐发展成一个自然村落，取名为"小倪家宅"。

据倪锡奎编著的《倪氏家谱》记载：川沙城郊倪家宅有"高祖坟墓"。即高祖倪继山之墓（今为上海市浦东新区合庆镇华星村二组辖区）。

倪蕴山祖父倪念祖在川沙城郊成婚后，生有四个儿子，依次取名为：倪旭堂、倪日堂、倪为堂、倪兆堂。除四儿子倪兆堂早年夭折外，其余三个儿子均成家立业。

三子倪为堂生有三个子女，长子倪蕴山、次子倪嘉树、小女倪嘉妹。因倪为堂夫妇省吃俭用也无法养活一家五口，在百般无奈的情况下，只得把次子倪嘉树送给川沙城东小营房张姓人家为继子，取名为张义和，把小女倪嘉妹送给川沙城东北蔡路镇蔡姓人家当童养媳。

二哥倪日堂只有一个女儿，按照浦东当地旧俗不能继承倪家香火，倪为堂便将大儿子倪蕴山立嗣给倪日堂。倪日堂与倪为堂哥俩一心要把倪蕴山培养成才，希望他能像先祖那样，成为才学渊博的学者，以重振倪家门庭。

倪蕴山没有辜负他们的期望，从小刻苦用功、勤奋好学。后经人介绍到川沙中市街的徐记鞋店当学徒学制鞋。倪蕴山心灵手巧，制作的鞋子既美观又结实，深受顾客的喜欢，更受徐记鞋店的徐老板的喜爱，他见倪蕴山既聪明能干又忠厚老实，便将自己的女儿许配给倪蕴山。

1863 年春节，倪蕴山与徐家姑娘结婚，夫妻俩相敬如宾，婚后倪蕴山以祖训"勤以得之，俭以守之，勤而不俭，无异于左手拾而右手撒"为信条，克勤克俭，家中逐渐有了些积蓄，不久在其岳父徐老板的帮助下，购买了川沙城东门内中市街38号的一间二层小楼。

倪蕴山与徐家姑娘结婚后，共生育十个儿女，老大倪锡令，老二倪桂金，老三倪桂珍，老七倪锡纯，老九倪桂银（又名倪秀珍），因老四、老五、老六、老八、老十早亡，无后。

倪蕴山婚后在岳父的资助下，在自己的家中开设了一家鞋店，后又随岳父去上海开店。在上海时经徐家亲戚介绍，给英国基督教卫理公会（伦敦会）的外国传教士当厨师。后经传教士介绍，倪蕴山加入了英国基督教伦敦会。

入教后，倪蕴山专心好学，刻苦钻研《圣经》，英国基督教伦敦会也希望有中国籍的教士，由此倪蕴山被英国基督教教会看中，提升为基督教牧师，并在上海北郊宝山与东郊浦东进行传教。倪蕴山为了传教串乡访村，不辞辛劳，又因为是浦东本地人，传教时不仅语言相通，感情上也容易被乡民所接受，来听倪蕴山传教的人越来越多。由于倪蕴山的传教工作特别出色，上海基督教教会专门在《万国公报》上表彰倪蕴山："倪蕴山毅然入耶稣教。其时沮之者夥，讥之者多。唾骂口嚄，宗朋口辙。君悍然不顾。而其信心之坚有如此者。讲经则阐发靡遗，妇孺皆悟。祈祷则晨昏不辍，切实而求。且传道沪、汇、川、宝等处，风飙雪霏不顾也，雨淋露沾自若也，饥逼寒驱安然也，指詈讥哂顺受也，而君无冤色无忿心。以为尘世不鞅掌天国不能陟，而其志之卓如此者。

迫升牧师，兢兢业业，汲汲孜孜，栉风沐雨，戴月披星……"同时《万国公报》还报道了倪蕴山的子女全部被教会吸收入教会学校读书，免费供应膳宿，并发给零用钱的情况。

倪蕴山传道成绩斐然，与人交往真诚以待。弟子们都对他赞不绝口，说与倪蕴山之交往，"交如金石，情如水乳。相勖以道，相规以义。品端行方，循规蹈矩。待人修己之道，总以'诚'字为主……实为难得之恩师益友也"。

倪蕴山入基督教后，由于接受了西方的先进思想，对中国的封建旧俗越来越排斥。在他的坚决反对下，二女儿倪桂珍没有受到缠小脚的痛苦，成为那个时代的大脚姑娘。

倪蕴山是上海基督教英国伦敦会的牧师，宋耀如是上海基督教美国监理会的传教士，两人虽同为基督教的忠实信徒，但属于两个国度，且年龄相差悬殊，所以原来并无任何交往。他们的相识，完全是倪蕴山的两位女婿牛尚周和温秉忠从中牵线搭桥。

牛尚周是倪蕴山大女婿，江苏省松江府嘉定县人。1872 年 8 月 11 日，牛尚周作为中国清朝政府第一批官派留学生中的一员，离开上海赴美留学。

温秉忠是倪蕴山三女婿，祖籍广东新宇，出生在上海黄浦江畔。少年时期即被清廷选中派往美国留学。

在异国他乡，牛尚周与温秉忠两人在一次偶然的机会中，结识了宋耀如这位"北美华商先锋"茶丝店的小掌柜。他乡遇故人，三人很快结为好友。1884 年，牛尚周、温秉忠相继回国，在新兴的开埠城市上海任朝廷命官，牛尚周是上海电报局技术官员，温秉忠是上海海关的官员。1886 年，宋耀如受美国基督教监理会派遣回国传教，并且也来到了这座充满机遇的城市——上海，任美国基督教监理会中国布道团的见习牧师。牛尚周、温秉忠、宋耀如三人得以在上海相聚。

宋耀如在牛尚周与温秉忠的介绍下结识了上海基督教英国伦敦会的倪蕴山，彼此间常有来往。宋耀如又结识了倪蕴山的二女儿倪桂珍，并在牛尚周和温秉忠的撮合下结为夫妇。

1887 年仲夏，倪蕴山夫妇按照基督教的礼仪为他们举办了婚事，婚礼在上海美国监理会教区最大的教堂慕尔堂举行，由南方卫理公会教士里考德牧师主持。随后，倪蕴山夫妇在川沙城宴请了倪家的亲朋好友与地方士绅。

(二) 宋耀如的川沙传教生涯

与宋耀如夫妇同住在沈家大院的黄炎培先生曾多次向儿女讲述："少年时期我经常去听宋牧师演讲，也经常学宋牧师演讲的声调与姿势，因学得极其相像，经常使我们家人捧腹大笑。"黄炎培三子黄万里在来信中也提及黄炎培 1949 年来川沙时曾说宋耀如是一位牧师，在川沙传过教。"我父幼时，每聆听其宣教，并能戏学其传教时演说的姿势"。

川沙城里不少老人纷纷回忆道，他们的父母辈们说起过宋耀如夫妇俩经常在川沙镇中市街、苏家桥北面三角街的东北角街沿上，也就是宋家居住的"内史第"的楼底下转角处一起唱赞美诗，然后就进行传教，并经常手拿三角旗在中市街、南市街等地走来走去。

据川沙城南市街居民诸佑文说："我母亲（高兰玲，1868～1936年）24岁嫁到川沙镇南市街时，宋家就在那里（南市街65～69号），并在那里办了福音堂做礼拜，母亲后来成了耶稣教徒，和宋老太（倪桂珍）结为好朋友。"

据原川沙城南市街"孙天华银楼"老板孙宝仁的孙子孙钟秀叙述："我家与诸文伯（即宋家塾师诸其耀）是世交，孙天华银楼是我爷爷孙宝仁借诸文伯南市街54至56号二幢楼房开的，和宋家居住的南市街沿街房是面对面。后来为了使宋耀如牧师有一个固定的传教场所，倪桂珍在诸文伯的妻子高兰玲等十几位女教徒的帮助下，为宋耀如租借了'内史第'沈家大院的第二进院落的'立本堂'办了一个耶稣堂，取名'福音堂'进行传教。"从此，宋耀如就在川沙城内的福音堂进行传教，结束了他巡回布道的生涯。

关于川沙基督教教堂一事，据查，黄炎培所著《民国川沙县志》第十三卷《宗教志》第4页中有详细的记载："耶稣堂，本县有二，一在本城，初借设南门大街沈宅，名福音堂。其后数次迁移，借设北门艾宅……"

浦东佛教协会会长、潮音庵住持宝昂师太，于 1988～1993 年间曾多次告诉笔者等人："南门大街沈宅，就是沈毓庆的住宅'内史第'，福音堂就是沈宅的立本堂。"

查阅 20 世纪 80 年代出版的有关宋氏家族的书籍中都有较为详细的记载。澳门星光书店 1985 年 10 月出版的斯特林·西格雷夫著《宋家王朝》，书中记载："在 1890 年，他（宋耀如）停止巡回布道，成为上海郊区川沙当地的传教士。"

中国文联出版公司 1986 年 1 月出版的《宋家王朝》第 65 页记载："1890 年，他（宋耀如）不再是巡回牧师，而当了上海市嵩泽的牧师。"据查《青浦县志》，当时青浦县嵩泽，根本没有基督教活动。又查《宋家王朝》一书的英文版，完全证实了嵩泽是翻译上的错误，把川沙译成嵩泽。

四川省社会科学院 1985 年出版的西格雷夫著《宋氏家族秘闻》，第 73 页第 2 行中也记载着有关宋嘉树（宋耀如）在川沙当牧师的情况。

上述几部著作所记载的 1890 年宋耀如停止巡回布道后成为上海郊区川沙当地的传教士，均与"川沙说"考证的基本相同。

三、宋庆龄等宋氏子女是否出生在川沙"内史第"？

黄炎培曾说"这就是了不起的宋庆龄出生的地方"，并在日记中记载："1955 年 2 月 14 日夜，中苏签约五周年，苏联大使举行庆祝会，在主宾席上就座的浦东人有三：张闻天、宋庆龄、我。"

宋庆龄曾说："我养就养在这地方，叫'南市甜瓜街'。"后来还让保姆钟兴宝、李燕娥去找"南市甜瓜街"。

2000 年，笔者和中共浦东新区统战部副部长、新区政协秘书长唐国良等人前往北京拜访黄万里教授时，黄万里教授再一次告诉我们说："我父亲黄炎培对我说，'这就是了不起的宋庆龄出生的地方'。指的就是'内史第'沈家。关于宋家子女出生在浦东川沙的沈家大院，我们两家住在同一院内一事，我家几位兄长与姐弟基本上都是知道的。为什么对这样的一个史实，上海方面还在争论不休？"

宝昂师太也回忆道："黄炎培先生在我们真武台庵中编写《民国川沙县志》时……经常给我们讲一些外面的事，有时讲到宋家时，也跟我们讲一些宋家在川沙起家的情况。黄炎培先生曾对我说过，宋家在川沙住了很长一段时间，宋家的儿女大多出生在川沙他家住的房子内。"

宝昂师太又说："我尼都叫王长庆的娘琴娘娘。琴娘娘经常来真武台烧香，我常常听伊讲，宋家三姐妹现在都很光耀，嫁了三个大亨。当时伊都带过她们。琴娘娘说，伊在宋家帮忙做了五六年的保姆，宋家的孩子是大户人家出身，很懂规矩的，家教也很

143

黄炎培与宋庆龄

严的。当时宋家住在沈七襄（沈树镛女儿）家里。沈家里面还有个'耶稣堂'叫'福音堂'，是宋家人传教的。宋家地处黄炎培先生家的南面，当时宋庆龄父亲到川沙来传教，所以就搬到川沙来住的，后来到艾家设堂传教。听琴娘娘讲，宋霭龄、宋庆龄、宋美龄都养在川沙。"

川沙不少倪家的后代如倪蕴清、李水英和知情人黄敏之、沈敬之、陆亚东、诸佑文、顾银玲等都纷纷向笔者等人证实了上述情况。

四、宋耀如与其子女在川沙城内生活了多少年？

黄炎培曾说："邻家的小姑娘（指宋庆龄）9 岁以后就不见了。"

沈敬之曾说："我看见宋庆龄小时候与镇上的小朋友一起玩。"

宋耀如在川沙时好友张艺新的孙子张醒雄告诉王乐德等人："祖父生前常说，宋庆龄、宋美龄小辰光，经常抱她们玩，看她们长大的。"

顾元襄的女儿顾银铃、孙子顾龙根等人，都能回忆起顾元襄给他们讲述教授宋庆龄、宋子文、宋美龄等宋家子女读书和有关宋家从浦东川沙搬到浦西时曾欠他两个月工钱等情况。

黄炎培的堂妹黄敏之（1896 年生）全家在她五岁时，由川沙城兰芬堂搬到"内史第"沈宅第一进院落居住，与宋庆龄家是隔壁邻居。黄敏之说："我家门口朝南开，她家门口朝西开，我经常看到宋庆龄领着她的弟弟妹妹玩。我家搬进去不久，宋庆龄全家就迁往上海浦西去了。宋家迁走以后，我家就把她家的房子也扩了进来。"

周淑珍的孙女王锦星、王锦云、王锦仁等知情人回忆说："我们都听奶奶说过，宋耀如全家从浦东川沙镇迁往上海浦西后，他们的大儿子宋子文没有立即离开川沙，仍就读于川沙私塾。倪桂珍将他寄托在我们家中住宿吃饭，并请他们给予照顾。宋耀如夫妇从没有忘记浦东的亲朋好友。他们夫妇经常邀请浦东的亲戚好友去上海浦西江湾家中做客。宋耀如夫妇也抽空回浦东川沙镇探望亲朋好友。直到住了一年后，宋子文才离开浦东川沙镇，以后他还经常来浦东川沙镇，有时还要在其亲戚王颂明家小住几天。"

五、宋家人的乡情与乡音

宋家全家从浦东川沙迁居浦西后，开始时还经常回浦东川沙走动，后来因川沙亲戚也陆续迁到上海市区，以后也就不回川沙了，但只要浦东川沙人有事找他们，他们总是热情地给予帮助。

顾元襄女儿顾银铃曾回忆：顾元襄晚年生病时，因为家境不好，无钱治病。顾元襄的好友看到顾家如此境遇，听顾元襄说起宋家从川沙搬走时还欠他两个月的工钱，可能是宋家人忘记了，也不好意思去要。他就自告奋勇地去浦西江湾找宋耀如夫妇和宋子文，他没有碰上宋子文，后找了宋氏倪桂珍。生性善良、乐于帮助别人的倪桂珍听来人说，自己孩子的老师老秀才顾元襄生病无钱医治的情况，就赶紧请来人带了一些钱物回去，并请来人捎口信代为表达他们及子女们对老师的问候。

宋家子女对浦东及浦东家乡人一直有一种特殊的爱。浦东川沙家乡对他们的养育之恩还深深地扎在他们的心里。他们始终没有忘记浦东人的装束和浓浓的乡音，遇见浦东同乡总要说上几句浦东方言，并说自己是浦东人。

据倪家人以及黄炎培的子女回忆：宋庆龄与宋子文经常用浦东川沙家乡话与家乡人进行交谈。不仅宋庆龄、宋子文能说带有浓厚乡音的浦东川沙话，就连只在川沙生活6年多的宋美龄也没有忘记浦东川沙话。

黄炎培大女儿黄路告诉笔者："宋庆龄、宋美龄的浦东川沙话都讲得很好，我曾经跟宋美龄一起拉过家常。我父亲曾经说过，宋庆龄出生在川沙，宋家的子女大多出生在川沙，伊拉（他们）全是浦东人。"后来，黄路又给笔者来信，信中说：在1943年的一天，蒋介石偕夫人宋美龄到兰州，兰州的各厅局长与夫人都去拜见。黄路也随时任甘肃省建设厅厅长的丈夫张心一前去拜见蒋介石与宋美龄。事后，宋美龄请黄路等人陪同她一起作桥牌之戏，黄路与宋美龄是两对面一家，开始的时候黄路有点紧张，但在打牌时，宋美龄不断地用浦东家乡话与她拉家常，她一听宋美龄一口地道的浦东川沙家乡话，而且说得比她还要"土"，感到很亲切，也就不紧张了。当时她们俩还叙年龄，宋美龄当时四十多岁，黄路三十多岁，宋美龄说："我正好比你大十岁。"

物理学家黄长风从美国给笔者来信说：宋子文不仅不忘家乡的老师和好友，他也没有忘记自己是浦东川沙人。他的好友周均

（又名周静涵，黄长风的表叔）是宋子文美国圣约翰大学的同班同学，曾任国民党盐务稽察处处长，两人经常在一起，宋子文常跟他说"我是浦东川沙人"。

据沈敬之叙述："有几个大陆去台湾的浦东人，他们回浦东家中探亲时见到我，曾对我说起过，我们浦东同乡会在台湾经常聚会搞一些活动，宋美龄曾在浦东同乡会上用浦东方言说过：'我是半个浦东人。'"

虽然宋耀如全家在1903年底迁往上海江湾居住，以后也很少回浦东川沙镇。但浦东人的品德、浦东的乡土之音和浦东的风俗习惯在宋耀如夫妇及他们的子女身上留下了深深的烙印。

宋庆龄、宋子文、宋美龄都能讲一口纯正的浦东川沙方言，如果他们从小没有在浦东川沙生活，没有这样一个语言环境，是不可能的。他们纯正的川沙方言是从小学会的，特别是宋庆龄浓浓的浦东川沙口音到老都未曾改变，这是众所周知的。

在川沙镇东门外护塘街还住着倪家亲戚倪蕴山的堂侄子倪锡圻（倪旭堂的孙子）的女儿倪蕴清及其丈夫郑巧生；在蔡路乡营房村小倪家宅还有倪家的亲戚倪桂珍表妹倪素珍的女儿李水英；川沙城内东城壕路还居住着倪蕴山同胞妹妹的后代倪桂珍外甥女的儿子陆嘉宝。虽然他们大都已是八九十岁的老人了，但是他们依然对小时候父母们给他们讲述的宋氏家族在川沙城的故事记忆犹新。

六、揭秘宋庆龄出生地"虹口说"

（一）"川沙说"论证：宋庆龄出生在虹口是没有依据的

理由之一，宋庆龄本人曾否定自己出生在上海虹口。

主要依据：1991 年 3 月 11 日，上海宋庆龄研究会副会长、宋庆龄研究专家华平、孙志远、任舜等同志曾特意赴苏州木渎，访问宋庆龄生前保姆钟兴宝。问及宋庆龄出生在哪个地方时，钟兴宝说："首长出生呀，我告诉你们听。首长 57 年的时候，从北京开会回来，8 月里到屋里的。首长对我和李妈（李燕娥）讲：'我的老家，我养就养在这地方，叫南市甜瓜街。'"钟兴宝又说："甜瓜街这一条街……首长还写了条子，叫我们去寻一个石库门房子，我和李妈甜瓜街、咸瓜街的寻了一个圈子，没有寻到。回来后又把纸条交还首长了。"钟兴宝与李燕娥两位保姆到南市区找了多次，一无所获。因为，南市区根本没有宋庆龄所说的这条街。

经研究考证：宋庆龄让保姆去找"南市甜瓜街"，是因为宋庆龄自己完全知道她的出生地不在虹口。可是南市根本没有什么甜瓜街，而川沙城"内史第"门前的一条街正巧名为"南市街"。起先研究人员也认为，宋庆龄说的"南市甜瓜街"就是这条南市街。可是后来经"川沙说"研究人员王乐德同志，在仔细辨听了宋庆龄保姆钟兴宝的讲话录音后，才发现宋庆龄所说的"南市甜瓜街"实际上是"内史第个街"。两者在川沙话中，读音完全相同。在请教了沪语方面的有关专家后，确定原来是宋庆龄的两位保姆搞错了，把"内史第个街"听成了"南市甜瓜街"。

内	Ne	史	zi	第	Kuo	个	ka	街
南		市		甜		瓜		街

理由之二，上海虹口东余杭路 628 号 C 的房屋的建造，在宋庆龄出生之后。

经查阅，虹口区东长治路房管所关于宋宅建造年代的档案上清清楚楚地记载着："东余杭路五三〇号，五二六弄十七至三十一号，一九一二年造。"

据考证，"东余杭路五三〇号，五二六弄十七至三十一号"，也就是原来的东余杭路 628 号 C。宋庆龄出生在这里是不可能的，因为房屋于 1912 年建造时，宋庆龄已经 19 岁了。

理由之三，仁木富美子女士并没有认定宋庆龄出生在虹口。

日本友人仁木富美子女士，了解到有关宋庆龄出生在浦东川沙的史实后，在上海宋庆龄研究会有关领导的陪同下来川沙"内史第"考察。她还仔细查看了"川沙说"研究人员对宋庆龄出生在川沙的考证，并进行了十分亲切的交谈。在交谈中，笔者问："宋庆龄出生在虹口是上海有关人士根据您出示过的一封宋庆龄从上海虹口寄给您的信而推断出来的，那么您看，我们浦东川沙的这些有关宋庆龄出生在这里的考证，史料依据是否充分？"

仁木富美子女士没有正面回答笔者的问话，她说："虹口东余杭路是宋家居住的房屋，宋庆龄出生在虹口是上海方面论定的，我没有说过。"

笔者又问："您看了我们这些资料，您的感想如何？"

她答："资料很好，有些（资料）能否给我。"

笔者答："可以，希望您能给予我们支持。"当即我们将一些资料交给了仁木富美子女士。

由此可见：日本友人仁木富美子女士，并没有认定宋庆龄出生在虹口，所以她的信只是说明那时候宋家人与宋庆龄在上海虹口居住，不能以此来推断宋庆龄就出生在虹口东余杭路。

（二）宋庆龄出生在川沙的史料，引起了社会各界的普遍关注

宋庆龄出生在浦东川沙的史料论证取得重大进展后，王乐德与笔者立即向上海市宋庆龄研究会汇报，王乐德同志还撰文在《上海宋庆龄研究信息》与《文汇报》上发表。

《新民晚报》记者俞亮鑫看到这些信息后，专程采访了王乐德和笔者等有关研究人员，又特意前往浦东川沙镇采访一些知情老人，并于1994年3月16日起连续5天在《新民晚报》上报道了宋庆龄出生地为浦东川沙的消息。

一经刊发，立即在全市，乃至全国产生了重大影响。

"川沙说"认为：宋庆龄出生时原上海虹口东余杭路 628 号 C 的房屋还没有建造，宋庆龄是不可能出生在这里的，这已经成了无可争辩的事实。

　　可是"虹口说"的研究人员又提出了一种新的说法：虽然虹口东余杭路 628 号 C 的房屋是 1912 年建造的，但这是宋家拆除原来居住的老屋后建造的。宋庆龄虽没有出生在 628 号 C 的房屋内，但并不能证明她不会出生在原来的老屋里。甚至还毫无根据地说："宋庆龄出生在虹口，不可能出生在浦东川沙。宋耀如也从来没有到浦东川沙城传教。""虹口说"所认为的宋庆龄出生在虹口东余杭路 628 号 C 原来的旧平房里的依据从何而来？

　　原来这所谓的依据，就是几篇文章和一个人的回忆。上海宋庆龄故居干部陈小琴于 1987 年发表的《宋庆龄诞生地考略》一文说："生于 1893 年的宋庆龄，只能是降生于（虹口）朱家木桥老屋里。"并说："宋家在 1900 年前出生的孩子，霭龄、庆龄、子文、美龄都是在（虹口）倪家祖产的房屋内出生的。"

　　王耿雄在《宋庆龄出生在虹口》一文中说："川沙虽是宋庆龄母亲的家乡……1889 年，倪蕴山病故，倪桂珍母亲住在牛家，宋嘉树就在牛家对面造房子。"又说："虹口……这所房子地处荒郊野外，坐落在绿色的田野上。"后来"这所房子已为密集的城市建筑所环抱"，发展成为东有恒路（今东余杭路）。1890 年宋嘉树辞去布道团的职务，转而经商，但他依然崇信基督教，故有

"至 1890 年自愿本处传道",宋耀如夫妇住在虹口朱家木桥,那就自愿在虹口教区传道。并说宋庆龄亲表姐倪爱珍说:"宋家早年居住在虹口朱家木桥一带,是平房,屋子不大,很穷。"

还有宋庆龄表弟倪吉士的回忆。倪吉士说:"小时候听父亲讲,父亲小时候就住在朱家木桥,1908 年父亲随小姑夫温秉忠去美国,也是从朱家木桥出去的,那次宋庆龄、宋美龄是同时去的。"故而倪吉士认为宋庆龄出生在虹口朱家木桥。

所谓宋庆龄出生在朱家木桥的旧平房内,只是一种臆想和推测而已,根本就没有什么史料能够来佐证。

而且,倪吉士最初认为宋庆龄出生在上海陕西北路 369 号,并没有说宋庆龄出生在上海虹口。1983 年元旦,仁木富美子女士写信给倪吉士:"上次你告诉我,陕西北路 369 号是宋庆龄的出生地。福利会的人也告诉我这样。我去过三次。(虹口)余杭路 628 号 C,也是宋嘉树的家吗?"

从倪吉士开始认为宋庆龄出生在陕西北路 369 号,到后来又改口说宋庆龄出生在虹口朱家木桥。这就不难看出:倪吉士见了仁木富美子的信后,经过分析、推理,才否定自己原来"宋庆龄出生在陕西北路 369 号"的说法。而且倪吉士比表姐宋庆龄整整小 21 岁,根本不具备宋庆龄出生地知情人的条件。

上海宋庆龄研究部门和有关专家认为:"虹口说"新提出宋庆龄出生在老屋之说,虽然目前还没有足够的依据,但是虹口研究人员重新提出这个问题，就不能贸然地下定论，必须继续调查论证。

至此，宋庆龄出生地"虹口说"与"川沙说"两说之争的悬案，不知何年何月才能落定。

（三）一张上海虹口的历史地图，彻底推翻"虹口说"

"川沙说"研究人员一直坚持着一丝不苟的敬业精神，始终没有放弃可能会出现的一丝线索，却从未发现有关虹口东余杭路628号C地段（朱家木桥）老屋的资料。

经商议，"川沙说"的核心研究人员兵分两路继续查证：一路继续查证宋庆龄出生在浦东川沙"内史第"的依据，在查证中王乐德加紧完成有关倪氏、宋（韩）氏家族在浦东川沙的史料论证，编著《宋庆龄母系倪氏暨父系宋（韩）氏家谱》；另一路主要是继续寻找与论证关于"虹口说"所说的宋庆龄出生在虹口东余杭路530号的房屋内以及朱家木桥老屋内的历史依据。

《新民晚报》记者俞亮鑫于2003年再一次连续报道宋庆龄出生在浦东川沙的研究成果，又一次掀起了宋庆龄出生地讨论的高潮。而这一次使《新民晚报》的忠实读者——上海历史地图收藏家徐友群想到自己收藏的地图中有一张上海虹口东余杭路地段的历史地图，并立即与浦东新区文物保护管理所和《新民晚报》俞亮鑫取得了联系。

真是：踏破铁鞋无觅处，得来全不费工夫。

这张英文版的上海虹口历史地图是 1893 年公共租界工部局出版的，长约 3 米，把虹口的许多地块都标得一清二楚。地图表明：宋庆龄出生时的 1893 年，虹口东余杭路还是一条河流，而所谓虹口宋庆龄故居当时也只是一片农田或空地。这就可彻底排除宋庆龄出生于虹口东余杭路的可能性。

徐友群为了进一步论证这个问题，特地到现场进行了仔细勘察，发现如今的虹口东余杭路就是 1893 年时的周家浜，这条河经虬江通向黄浦江。并查证现在虹口地区的不少马路，在当年大都是一些河流。

这一发现，与虹口东余杭路 530 号宋氏故居建于 1912 年的房管所档案完全吻合。

1893 年时，这只是一片空地，根本就没有任何建筑物，更不要提什么老屋了。

正是：山重水复疑无路，柳暗花明又一村。

写到这里，想必读者们一定已经清楚宋庆龄究竟出生在上海何处。

"内史第"大事记

　　上海民居是江南民居建筑艺术仙葩中一支富有时代气息的优秀建筑群落，其风格雅致、特点鲜明。上海浦东川沙城内的"内史第"，就是其中的典型代表。"内史第"江南民居特色浓郁，其中雕刻装饰尤为突出。砖雕别具一格，木雕高雅华丽，精雕细刻，巧夺天工。

　　遗憾的是，如今"内史第"只保存下第三进内宅院落。究其历史原因，主要是人们的文物保护意识不强，特别是对优秀建筑、名人名居的保护缺乏必要的认识，才会在川沙城厢镇旧城区改造和历史民宅保护问题上产生了分歧。

　　当然，对川沙县城厢镇进行旧城区改造的举措是无可非议的，是一项关系到改善川沙人民生活与居住条件的实事工程。但是，历史文物保护其现实意义并不亚于为民造福的实事工程，况且历史文物保护还有其深远的历史意义。只有两者兼顾，才能体现造福于人民、造福于子孙后代的真正意义。

1988 年，川沙县人民政府"修缮黄炎培故居"正式立项。

1989 年，川沙县文化局正式启动"修缮黄炎培故居"项目。

1990 年初，"内史第"第三进院落——黄炎培故居全面修缮。

1990 年 10 月 1 日，黄炎培先生诞辰之日，黄炎培故居经中央批准正式对外开放。

黄炎培故居开放当天，川沙县人民政府举行了隆重的开放仪式。全国人大常委会副委员长、中国民主建国会主席孙起孟，全国政协副主席、中国工商联主席刘靖基，中共中央统战部副部长宋堃，全国政协常委、中国民主建国会副主席、黄炎培先生四子黄大能，上海市的党政领导陈铁迪、刘振元、谢丽娟、陈铭山等和上海市、川沙县有关单位的领导以及黄炎培先生的家属等出席了开放仪式。

1992 年 6 月 1 日，上海市人民政府将黄炎培故居列为上海市文物保护单位。

1994 年，浦东新区社会发展局副局长杨德林同志曾多次指示文物部门：抓紧对宋庆龄出生地的考证、论证，争取早日复原名人故居"内史第"。自此，论证与复原工作在浦东新区社会发展局和文博部门管理人员的直接参与下全面展开。

1994年5月16日，"宋氏家族在浦东与宋庆龄出生地论证会"拉开了整体复原川沙"内史第"工作的序幕。上海市文化发展基金会、上海市文物管理委员会、中国福利会、上海市宋庆龄基金会及《新民晚报》报社的有关领导、专家、记者等参与讨论，并由上海市文物管理委员会相关领导提出指导意见：

一、将黄炎培故居作为市级文物保护单位的保护范围正式划定，把"内史第"整体划入保护范围内，并做好对周围环境的保护和原状的维持。

二、立《宋氏家族故地纪念碑》，碑文记载宋氏家族在川沙的史实，也可记载胡适、黄自等名人在"内史第"居住的情况。

三、向上海市文物管理委员会上报宋庆龄故居、宋氏家族故居及胡适旧居、黄自故居情况，争取早日列入上海市纪念地点。

四、争取各级政府和社会各界的支持，早日恢复并向社会开放"内史第"宋庆龄故居、宋氏家族故居、胡适旧居、黄自故居、黄竞武故居。

2002年，浦东新区第一届政协会议召开，浦东新区九三学社秘书长、浦东新区政协委员、浦东新区中华职业教育社副主任尹亚洲委员在会上提出议案，要求恢复浦东文化瑰宝"内史第"。政协主席李佳能先生在10月10日下午带领邵煜栋、陈炳辉、王以忠等政协委员及部分民主党派负责人，视察了黄炎培故居、"内史第"原址、川沙古城墙等文物古迹，听取浦东新区文广局关于新区文物保护工作和"内史第"情况的汇报。浦东新区政协一届三次会议期间，上海市政协委员吴仲信、邵光宇和浦东新区政协委员尹亚洲的一份联名提交《恢复浦东新区文化旅游胜地"内史第"的建议》。

2003 年 1 月，上海市人民政府又将黄炎培故居公布为上海市爱国主义教育基地。

2003 年 6 月 6 日，浦东新区文化广播电视局根据新区领导的指示精神邀请上海市委宣传部、上海市文物管理委员会、上海宋庆龄研究会、上海中华职业教育社、上海作家协会、新民晚报等单位的专家学者召开"内史第"恢复工程专家论证会。会后浦东新区文化广播电视局即以《关于川沙"内史第"立项的报告》请示浦东新区人民政府。

2003 年 9 月 16 日，浦东新区发展计划局对项目作出批复。令抓紧向市文物局等主管部门办理项目审批手续，开展方案设计等准备工作，并根据相关要求编制项目可行性研究报告送审。

2003 年浦东新区人大、政协两会召开，正式将恢复"内史第"工程作为 2004 年重点文化项目立项。

2010 年 4 月 1 日，"内史第"恢复工程正式竣工。

2010 年 7 月 15 日，"内史第"陈列设计项目完成。陈列设计自 2007 年起，历经专家评审达 18 次之多。

2012 年 11 月，"内史第"开始预展。

2013 年 4 月 16 日，"内史第"正式对外开放，浦东新区人民政府在"内史第"举行了隆重而简朴的开放仪式。

浦东川沙"内史第"沈家大院，经过历史的冲击，几经波折，终于保护下来，并作为名人故居向公众开放，成为浦东新区的一大历史人文景观。

这幢优秀的历史建筑得以保存，是浦东新区文化部门和文物、文史工作者们付出辛勤劳动的结果，是"川沙说"研究人员们刻苦钻研的结果，是众多资料提供者和知情人真实反映的结果，更

"内史第"题字

是上海与浦东社会各界人士关心与支持的结果。

承载了多少人的期待，了却了多少人的夙愿，又成全了多少人的浦东情结。

相信，"内史第"在未来必将继续发挥作用。